JN035672

PDCAを回して結果を出す!

P Plan
D Do
C Check
A Action

✕ 集客・運用

マニュアル

渡邉 有優美
Watanabe Ayumi

つた書房

この本を手に取ってくださったみなさま、ありがとうございます。
初めまして。
あゆみかんこと、渡邉有優美と申します。
本書では、全くのゼロからの状態の人でも、この1冊でX運用ができ
るになるためのアカウントの作り方、アカウント設計のしかた、フォ
ロワー1,000人、5,000人、1万人までの増やし方、具体的なポスト作成
のテクニックなどを詰め込んだ1冊になっています。

おそらくこの本を読んでくださる方の中には、これからXを始める
方も、すでに始めている方もいらっしゃると思います。

その中でぜひ知っておいて欲しいことがあります。
それは、「Xには無限大の可能性がある」ということです。
あなたの投稿によって、誰かの活力になったり、気づきになったり、
あなた自身の心の支えになったり、さらには世界を変えることだって
できると、私は信じています。

Xを集客ツールと考えている人も多いですが、私はXは自分らしく発
信していける何よりのツールであると考えています。

それは大人に限ったことではありません。子どもたちだってニック
ネームで投稿できます。そういう意味ではXは自分の世界を広げるす
ごいパワーを持っているのです。

私もまた「あゆみかん1分体操で世界に幸せを広める人」というキャッチコピーにして、投稿やXのスペースでお話しするようになってからがらっと世界が変わりました。

　そして、そんな私のことが目に留まり、この度Xを使う方法というテーマで、書籍をつた書房さんから出版させて頂くことになりました。本当に心から感謝しています。

　本文では、具体的なXの活用のほか、事例なども多く掲載しました。
　きっと、「そんな使い方があるんだ！」という気づきもたくさんあると思います。
　この本が、あなたの発信の助けとなり、自分らしく発信できる人が増えて、明るい世界が広がっていくことを心から願っています。
　では、早速本書を読み進めていきましょう！

C ONTENTS

なぜ今、Xを使って
ビジネスするのか

押さえておきたい
Xの基礎知識

Xのアカウントを
作成しよう

事前にやっておくべき Xの設定

Xを運用するための目標設定

Xに投稿する
ポストの制作

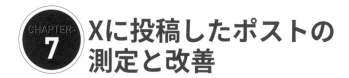

Xに投稿したポストの
測定と改善

他にも押さえておきたい Xの機能

本書をお読みいただく上での注意点

●本書に記載した会社名、製品名などは各社の商号、商標、または登録商標です。

●本書で紹介しているアプリケーション、サービスの内容、価格表記については、2024年4月22日時点での内容になります。

●これらの情報については、予告なく変更される可能性がありますので、あらかじめご了承ください。

読者特典

あなたのXのプロフィールを
ワンポイントアドバイス！

　あなたのXのアカウントのプロフィール写真、アカウント名、プロフィール文章などについて、著者渡邉有優美より直接ワンポイントアドバイスをお送りします。

　下の読者専用公式LINEから、アカウント名とスクリーンショットをお送りください。ぜひ、X運用にお役立てくださいね。

プレゼントの受け取りはこちらから。

CHAPTER-
1

なぜ今、
X を使って
ビジネスするのか

1

X（旧Twitter）とは？

Xにはどんな歴史があり、現在はどのような仕様になっているのでしょうか？　ここでは改めて、覚えておきたいXの基礎知識を一緒に見ていくことにしましょう。

2006年にアメリカで誕生

　X（旧Twitter）は、2006年7月に米国のObvious社（現在のTwitter社）が開始し、日本では2008年頃から普及しはじめたSNSです。140文字以内の文字で日々のつぶやきのメッセージを共有し、誰でも簡単に自分の思いや情報を世界中の人々と共有することができます。

　文字を発信するだけでなく、画像や動画を添付したり、他のユーザーの発信を「フォロー」して自分のタイムラインに表示させたり、他のユーザーの発信にリアクションしたり、引用して拡散させたりといった機能を持っています。

　全世界の月間利用ユーザー数は5億4,000万人（2023年7月時点）、そのうち日本国内での月間アクティブユーザー数は6,658万人で、利用者数ランキングでは国内3位のSNSとなっています。「日本人はXを好んで使いたがる国民性がある」と言われることがありますが、これはたしかにそうで、日本はアメリカよりも人口が少ないにも関わらずアメリカに次いでXユーザーが第2位と他の諸国と比べてもかなり多いのです。なお、利用率が一番高い年代は20代で78.6%となっており、若者だけでなく40〜50代でも約40%の方が利用しています。

　なお、日本にはもともと俳句や短歌など短い文章を楽しむ文化が根付いていたことがXの利用を押し上げている、という識者もいます。いずれにしても、2006年からスタートしたXは、18年経過した今でも影響力の大きいSNSだと言うことができます。

（出典）https://www.hottolink.co.jp/column/20240214_114872/

Xの年代別利用率

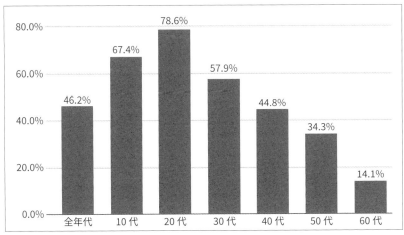

10~20代から40~50代まで、幅広いユーザーに利用されているX。

好きな人を見つけてX上に好きな世界が作れる

　Xの大きな特徴として、自分の属性や興味があるコトをフォローしていくことによって、多くの情報を受発信できるということがあります。例えば、「この人のポスト面白いな、もっと見たい」という場合にはそのアカウントをフォローする（ワンクリックで連携の設定をする）ことで、自分のアカウントのタイムラインと呼ばれる画面へ、フォローしたアカウントのツイートを表示させることができるようになります。例えばヨガに興味があるのなら、ヨガの先生やヨガを習っている方などをフォローすればヨガの世界がもっともっと広がるはずです。あるいは、犬や猫などのペットが好きな人であれば、ペットに関する情報発信している人を多くフォローしていれば、自然とタイムラインにはペットの情報が多く集まってきます。

　また、ダイエットしたい人であれば、エクササイズや健康的なお食

事に関する発信をしている方を沢山フォローすることでタイムラインにはダイエットに関する情報が多く表示され、モチベーションを維持する事が出来るでしょう。料理が好きな人、投資に興味がある人、推し活をしている人、など、Xではどんなジャンルの情報でも知ることができます。その人のタイムラインには自然と興味関心のある情報が集まり、あなたの好きな世界は広がり続けていくのです。

　タイムラインには、フォローしたアカウントのツイートのほか、関連のあると思われるポストがXのアルゴリズムによって判断され表示されます。

　こうして、1アカウント＝1ユーザー同士が相互に繋がり、個人個人のメッセージを手軽に配信したり取得したりできるのは、私はX以外ないと思っています。ご自身の世界を広げるコツはたったひとつです。「好きなコト・モノ」に素直になって、情報を集めていくこと。その新たなワンアクションがあなたの世界を変える一歩になるはずです。

Xを使えば、
誕でもチャンスを掴める

SECTION 02

SNS時代とも呼ばれる中、多くのSNSを運用している方も多いでしょう。ここでは数あるSNSの中でもXをおすすめする理由や、Xの楽しみ方についてお伝えします。

Xは誰しも平等でフラットな世界、素直な思いを伝えて

私は「あゆみかん｜1分体操で世界を幸せにする人」としてXで活動を始めて、8ヶ月になりました。毎日1分の運動で「運を動かす」ことで、忙しい方でも少しの時間でよりよい日々を過ごしてもらえたら、という思いで発信しています。現在は16,000人以上の方にフォローしていただき、沢山のいいねやコメントなどを頂ける日々ですが、皆さんと同じで私も、最初はフォロワー0人からスタートしました。

それは成功している経営者であっても、どんなに年収が高い人であっても、みんな同じ。コツコツと発信をして、積み上げていくしか方法はありません。Xはフラットな世界であり、どんな人にもチャンスがあると思います。むしろ、他のSNSより誰でも何者かになれるチャンスがあるSNSと言えるでしょう。SNSが大好きで、全てのSNSをやってきている私がXをおすすめするのは、「地道な発信が身を結ぶSNSだから」なのです。

例えば、私のクライアント様でサロンを運営している人は、まさにゼロから集客のためにXを使い始めました。私がアドバイスしたのはたった2つです。

1つは、「自分らしく発信をして交流を楽しんでね」ということ。なによりXで一定以上の影響力を得ていくには、かっこつけたり、背伸

びをしてはうまくいきません。自分の想いや考えを正直に、そして素直に表現することがとても大切です。

　つぶやくのは運動のことだけではありません。自分が大切にしている考え方や宇宙の法則のようなものは午後や夜にぼそっと呟いたり、時には長めに長文で書いたりしています。その時は、バズるとかは考えずに素直に想いを発信しています。私という人間の独り言です。ありのままの等身大を出せるのは、優しいフォロワーさんがいるおかげだと思っております。SNSを自分なりに楽しんで活用しています。

　そして、2つ目は「ユーザーとのコミュニケーションを楽しむこと」です。そういうと「顔も姿も見たことがない方たちとコミュニケーションをするなんて難しい」とおっしゃる方がいます。

　しかし、本当にそうでしょうか。挨拶を交わす、他愛もないことでコメントし合う。傷つけない言葉を使ってやりとりをする。時には、ツッコミや冗談を言い合う。そんなシンプルな形で良いのです。オフラインの延長線上にオンライン、ネットでのやりとりがあるというだけです。近所の方と会えば普通におしゃべりをしますよね。友達と会えば、お互いの近況で盛り上がりますよね。そんな風に、目の前にフォロワーさんがいると思って話すこと、これが「フラットな世界」をつくる上でも大事だと私は思っています。私は海外に住んでいますので、日本人と関わることが日本に住む方よりは少ないですがSNSが大好きなのは、オンライン上のやりとりで心の繋がりを感じられるからです。Xにいると、フォロワーの繋がりを感じられて寂しさも薄れます。ちなみに私は寂しがり屋の1人好きです（笑）。

　Xを含むSNSの良いところは、まだあります。「今までなら会うのが難しかった方たちとも、交流ができる」ということです。実際、私のXは日本全国、おそらく海外から見てくださっている方もいらっしゃいます。

私は「日本にいるすべての人がXを使えばいいのに」とさえ思っています。オフラインで居場所のなさを感じている人。不登校の方、例えば、生活保護を受給していて趣味を堪能出来る状況じゃない方でも、さらにはご家庭のご事情で親元を離れている方であっても、（年齢要件13才以上）、妊娠中は繋がりや仲間も欲しいですし産後のママさんは、赤ちゃんのお世話で忙しいですよね。そんな方々もXなら、社会とのつながりを持てるのです。そして「自分らしく発信」出来る。これは大きなメリットではないでしょうか。

　ではなぜ私がこれほどまでにXをおすすめするのか。それは、私がバズったりなど集客に成功したりということもありますが、今まで使ってきたSNSの中でもダントツに使い勝手がいいこと、使い方がシンプルでわかりやすいこと、写真や動画を入れなくてもテキストだけで使えること、何よりいろんな方との交流を気軽に楽しめることが挙げられると思います。

　これは、総フォロワー26万人の渡邉有優美だからこそお伝えできることなのかもしれません。

Xネーム：あゆみかん1分体操で世界に幸せを広める人
URL：https://twitter.com/ayumichannelok

本名も顔出しもなくてOK

　SNSを新たに始めようと思うとき、悩みのひとつになるのが、アイコン写真や名前についてではないでしょうか。「家族や友人に見られると思うと顔は出せない……」「職場や仕事関係の人には見られたくない……」「どこかで自分だとバレたらどうしよう……」と思う方も多いと思います。たしかに、不特定多数の方に自分の顔や名前が知られるのは一方でリスクや怖さもあります。

　しかし、Xは本名も顔出しもする必要はありません。ニックネームだけで数千〜数万フォロワーを抱え、ビジネス展開しているインフルエンサーさんもたくさんいらっしゃいます。

　例えば、野菜関連の書籍を5冊出されている青髪のテツ｜野菜のプロさんは、野菜とXとの相性がよく、毎日投稿でじわじわと伸びてきたそうです。そんな青髪のテツさんに「野菜の投稿を始めて現在X歴3年目。76万人のフォロワーに支持されています。お顔も漫画のアイコンです。無理しない。リプ返もできるときだけやる。最低毎日1投稿で大丈夫」と力強く仰って頂いたことがあります。凄く肩の力が軽くなりました。

Xネーム：青髪のテツ｜野菜のプロ
URL：https://twitter.com/tetsublogorg
野菜のお写真やどんな栄養が入っているかがわかるので、まるで野菜図鑑のよう。見ているだけで健康になれる気がします。

nana.さんは、好きなものを発信したり紹介しているアカウントで約1年4ヶ月で9万2,000人のフォロワー。30、40代の女性にはお役立ち情報として人気のアカウントです。楽しく発信することが秘訣だそうです。

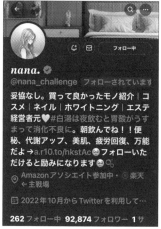

Xネーム：nana.
URL：https://twitter.com/nana_challenge
紹介されている商品はどれも欲しくなってしまいます。商品紹介のプロフェッショナル。

　フォロワー210万人以上のTestosteroneさん。投稿は、元気が出るしモチベも上がるしマインドセットの出来るアカウントなんですが、お顔出しもしていませんしアイコンも似顔絵的なものです。

Xネーム：Testosterone
URL：https://twitter.com/badassceo
前向きになれるメッセージばかり。落ち込むとよく見に行きます！

　そのため、覚えられやすいキャッチーなユーザーネームで認知度を

上げている方の方が多いくらいです。

　「本名・顔出ししなければ、ビジネスできないんだ」そんな固定観念は捨て去ってください。ニックネームで信頼性を得ることも、ビジネスにつなげることも、さらには集客に繋げることも可能なのです。まずこの点を3回唱えてインプットしてみてください。

　ちなみに、私もXをスタートした時は、「渡邉有優美」と漢字の名前で登録していました。そこから「あゆみん引き寄せの達人」→「あゆみんヨガ歴20年のヨガマスター」→「あゆみかん1分体操で世界に幸せを広める人」と名前変更をしてきました。実社会では改名するハードルはとても高いですが、Xならどんどん名前を変更することもできます（笑）。そういう意味では、覚えてもらえないユーザーネームはスパっと捨てて新たなネームで登録することをおすすめします。キャッチコピーや名前はブランディングにも本当に大切だと思います。ブランディングの専門家として数々の起業家さんをプロデュースしてきましたが、名前やキャッチコピーを変えてから突き抜ける方が多いです。

　また、アイコンのお写真についてもXでは、必ずしも本人の顔である必要はありません。逆に似顔絵や漫画の方が多いかもしれません。わたしは、AIに加工したアイコンです。実物よりもより盛れています（笑）。アイコンでも「自分らしさ」を大事にしてくださいね。

　なお、さらに詳しいアイコンやユーザーネームについては4章で説明しますね。

140文字から気軽にはじめられる

SECTION 03

SNSを活用するにあたって「手軽さ」は重要なポイント。本節では、Xを活用することをおすすめする最大の理由である「手軽さ」についてお話しします。

Xは140文字という短さだから継続できる

どんなSNSでも、発信力や影響力をつけていくには、「継続した発信を行っていくこと」がとても大切です。現代の超情報化社会において、SNSはひとつの情報でしかありません。しかも、その情報は日々すごい勢いで目に留まらなくなってしまいます。つまり、「人の記憶にとどめてもらう」ためには、継続して投稿を行い自分のことをアピールしていくしかないのです。

しかし、そうは言っても、コツコツ継続するのは難しいですよね。実際、1年間のうち、SNSの発信を辞めてしまう人は9割とも言われています。私だって継続は苦手で、これまでに挫折してしまったこともあります。ただ、SNSに関しては別。楽しくて趣味みたいになっているせいか、発信は続けられています。SNSが強い人という認識をされることが多いのです。

だからこそ私は、他のSNSで継続できなかった人にこそ、Xをやってみてほしいのです。

発信が辛い人でも、その点Xは140文字以内という限られた文字数で発信すれば1投稿分になります。これがブログなどであれば、検索順位上位にヒットさせるためには少なくとも3000文字以上の文字数が必要になりますし、YouTubeなどのSNSであれば動画撮影、編集などの手間も必要になります。この時間と労力を考えれば、Xははるかに簡単です。専用のアプリさえあれば、スマートフォンからメッセージを

打つような感覚ですぐに投稿ができますし、見るのもすぐにできます。

　もちろんこの手軽さゆえ、「良く考えずに投稿した内容が悪い反応をもらってしまった」などもありますが、こちらを読んでくださっているみなさんはそのあたりはあまり考えなくてもよいと思います。

　むしろ、最初の頃であれば「おはようございます！　今日はあったかいですね。今日も一日元気に頑張りましょう！」という「一言文」でも構いません。そうやって投稿を習慣づけることが大切です。

　そのうち投稿が身についてくると「もっと内容のあることを投稿してみよう」とむくむくと思ってくるはずです（笑）。その時が来たら、他の方々の投稿をぜひ参考にしてみてください。リサーチもとっても大切です。「勉強になる」「役に立つ」と思われるような価値のある情報や、見てくれる人が「面白い」と思えるコンテンツなど、ありとあらゆる範囲で沢山のポストがあることがわかると思います。大事なのは、それを最初は真似でも良いのでやってみて。そのうち、「あなたらしいオリジナリティ」が確立され、投稿に対してコメントやリアクションが来ます。そうなると、Xライフが楽しくなって、何コレ!?　めっちゃ楽しい♪　と新しい世界が広がるのです。見てくれるフォロワーさんとの交流が始まることで、「次も投稿しよう」「今度はこんな投稿をしてみよう」と投稿したくなってウズウズしちゃいます。わたしは、ポストを考えて投稿が決まると、次の日までうずうずしちゃって眠れないこともあります（笑）。　人間が物事を始めて習慣ができるまで約21日と言われていますが、まずは1週間！　頑張ってみてください。多分ですが、Xにハマったら沼るのでまずは始めてみて欲しいのです。さあー！　1投稿からスタートしてみましょう。

▌▌続けるコツはハードルを上げすぎないこと

　1年間に9割の人がSNS発信を辞めてしまうと前項でお伝えしました。「Xの投稿を継続していくには努力や強い意思が必要なんだ」と思

われる方がいるかもしれません。でもね、そうではないんです。

辞めてしまう人の理由として

- 時間が取れない
- 上手くいっている人と比較して、向いてないと思ってしまう
- 思ったような結果が出ない
- ネタ切れを起こしてしまう

などがあげられます。でも実は、これらはすべて「期待を高く持ちすぎている」つまり、「設定しているハードルが高すぎる」ことがあげられます。

Xは、数あるSNSの中でも140文字のメッセージだけで発信ができる一番シンプルなSNSだとお伝えしました。だからこそもっと気楽に考えてほしいのです。例えば、「絶対●時に投稿する！」とか「絶対1日2回は投稿する！」なんて決めてしまうと、やれなかったときにがっくりしてしまって、次の日からのモチベーションが下がってしまいます。（私がそうでした……）なので、いつもより少しだけ早く起きた朝の時間や、通勤時間。休憩時間や寝る前のスキマ時間など、まずは「空いている」時間に投稿してみるようにしましょう。1日目より2日目、2日目より3日目と投稿のコツをつかんでくるはず。そして140文字のメッセージをコツコツ積み上げることで、見てくれる人は必ず増えていきます。

そうそう、継続するときに大事なことをもう一つお伝えしますね。それは「他人と比べないこと」。

投稿をし始めて、周りの人たちの投稿を読むようになると、必ず「他の人が気になる」時期がやってきます。先に発信を始めていた人と比較して、フォロワー数が多いとか、投稿のリアクションが多いとか、一喜一憂してしまいがちです。でも、そうやって感情の波を起こすことは、実は継続にはマイナスポイントです。継続するコツは、ハード

ルを上げすぎないこと、そして他人を気にせずコツコツ淡々と。これに尽きます！　私は、人と比べることをしません。比べるなら昨日の自分。ライバルは、いつも自分自身なのです。

炎上は思ってるよりしないから大丈夫

「140文字以内でどんどんポストしてください！」と私は周りの方にアドバイスしていますが、その一方で「Xで発信すると、炎上しちゃいそうで怖くて……」とか「批判が怖くて自分の本音がさらけ出せない……」という方がよくいらっしゃいます。たしかにそう思う気持ちもわかります。しかし、結論からいうと、Xの投稿は、そんなにカンタンに炎上しません！　……と声を大にして言いたいです。

たしかに、投稿をすると「ネガティブなコメント」は多かれ少なかれついてしまう可能性はあります。しかし、1つの投稿がやり玉にあげられ、またたく間にリポストされて誹謗中傷が起こる……というのは、普通にXを使っていればまずありません。万が一、そういった炎上が起こって誹謗中傷されたとしても、現在は数年前と比べても、「投稿者を守る」そんな規則も増えました。その代表例が誹謗中傷を行った人を特定する「情報開示請求」です。実際、インフルエンサーさんの投稿が炎上し、誹謗中傷を行った方の開示請求を行ったケースも多くみられました。

少し驚かすようなことを書いてしまいましたが、常識とマナーを守ってXを使っていればまずこのようなことには巻き込まれません。

芸能人が発信した一言でネットが炎上したり、一般人の非常識な行動が投稿されて炎上したりと、ネガティブな事が取り上げられがちですが、そこばかりに目を向ける必要はありません。

私の投稿を見てくださる方は「応援してます」「共感しました」など

の好意的なコメントをしてくれる方ばかりです。普段から、見てくれる人の役に立つ情報や楽しんでもらえる発信を行っていれば、自然とそういう方が集まってきてくれます。いわゆる「鏡の法則」の現象は、X上ではさらに顕著に表れます。だから、日頃から明るく楽しい投稿を心がけていただけたら世界は、明るく楽しくなります。そういうものなのです。それを続けていくことで、あなたの作り出す世界がXでも広がっていくでしょう。ワクワクしてきませんか？

スピード感、拡散力のすさまじさ

1

SECTION
04

Xの大きな特徴のひとつである「拡散力」。ひとつの投稿がいったいどのように拡がっていくのか、一緒に見ていきましょう！

▌感情を動かして瞬く間に拡がる

　2023年4月、X（当時Twitter）社が「リポスト」に焦点を当てて、拡散にまつわる情報をまとめた「#拡散の科学」によると、リポストされやすい投稿とは、6つの種類の「熱量」によるとされています。

　それが「直感」「知識」「主張」「納得」「声援」「欲求」です。これらを、リポストしたくなる人の気持ちに変換すると、「驚き！反射的にリポスト！」「これ知っておいて！」「自分も同じこと考えてる！」「めっちゃわかる！」「エネルギーよ届け！」「欲しい！　やりたい！」となります。

　私のアカウントでいうと、バズった釜爺エクササイズ、釜爺ツイスト、釜爺ウォーキングのシリーズは、

　ネーミングの面白さ。千と千尋の神隠しの蜘蛛のお爺さんの釜爺（かまじい）の手足を伸びる感じが、分かる！　これ面白い、面白いのに痩せそう！　痩せなくてもいいからやってみる！　あゆみかんさんのコミカルな表情と合ってて笑える！　北斗の拳の動きに似てる！　など、リポストが、5,000もありました。引用リポストもかなりあり、リプ欄は大賑わい。

　このように面白さと楽しさ、人の気持ちを動かす発信がリポストされて拡がり、フォロワー同志のコミュニティを超えて"世の中のムー

ブメント"になっていくことを「熱量伝番」と定義されています。このような拡がり方は、Xならではの現象です。

　世の中に大きな良いムーブメントを起こして行きたいものですね。私も幸せがいつも広がれーとエネルギーをかけてポストしています。みんなに届いているかな？

この6つの「熱量」が拡がる事で、いわゆる「バズ」が起きる現象となる。

6つの熱量伝播	それぞれの定義	ワンフレーズで言い換え
直感で拡がる	自分が感じたもの共有したい	反射的にリツイート！
知識で拡がる	情報をみんなに知っておいて欲しい	これ知っておいて！
主張で拡がる	他人の意見を借りて自分の意見を主張したい	自分も同じこと考えてる！
納得で拡がる	自分と同じ価値観に触れられて嬉しい	めっちゃわかる！
声援で拡がる	誰かの／何かの力になりたい	パワーよ届け！
欲求で拡がる	自分の欲望を満たしたい	欲しい！　やりたい！

ユーザーの気持ちをいかに動かすかが拡散の要となる。

引用：X（旧Twitter）社「#拡散の科学」

スピード感が凄まじい

　私が体験した「バズり」の中でも一番印象的だったのが、"釜爺ツイスト"の投稿の時です。1012万回再生（2024年3月時点）された短い動画ですが、投稿後「普段より伸びている！」と気づいた時には、2万いいね100万再生。5秒後にまた見ると100件増えて、また5秒後に100件……と見ている間、その瞬間でずっと数字が変わり続けている、という状態でした。どれだけの人がこの瞬間に反応してくれているかをリアルタイムで感じ、びっくりして鳥肌が立ったのを覚えています。なにこれ!?　と初めてのバズ体験に足が震えました。

　投稿後、丸1日経った時点で350万再生ほどでした。Xでは、こんな事が起こりうるのです。

　この"釜爺ツイスト"の動画が生まれた背景などは、5章の中でも触れていますので是非、ご覧ください。

　バズ体験を赤裸々に解説しています。

　リポスト機能があることで、面白いよ！　コレ。みたいな感じでどんどん拡がっていったのだと思います。そして、コメントのリプ欄。何度も動画を見てもらったことでの滞在時間もあります。思えば、あの日は本当にそんな予感のある1日でした。5章を絶対読んでくださいね。バズ体験を起こすのは、次はあなたです！

28

🔖 固定

あゆみかん🍊1分体操で世... ✓ ···
@ayumichannelok

18年ヨガしてわかったけど、「痩せ
たい女性」は1日1分でいいので、コ
レしてください。「足を肩幅より広
く広げる」「膝を曲げてスクワット
の大勢になる」「両手を大きく広げ
る」「片方づつ床に指先をつける」
「スクワットのまま上半身をねじ
る」1万人以上に教えてきたけど、感
動の声の連続。"そんなのウソでし
ょ！"って思ったら、騙されたと思っ
て今日から1分やってみてください。

@ayumichannelok

噂の釜爺ツイスト1分

1010万超再生を記録
した"釜爺ツイスト"
のポスト。

噂の釜爺ツイスト1分

5:07・2/8/23 場所: Earth・**1010万回表示**

📊 **アナリティクスを表示**

4390件のリポスト

ラグジュアリーな背
景で奇妙な動きをす
る女性というコント
ラストが、更なる拡散
を呼んだ。

リポストだけじゃないXの拡散力

　これまで触れてきたように、Xの拡散機能として、皆さんがよく知っているのは他のユーザーの投稿を引用する「リポスト」ではないでしょうか。各種X用語については2章で改めて説明しますが、自分の投稿がリポストされると、自分が直接繋がっていないユーザーの元にまで、発信が届くことになり、それをきっかけに興味を持ってもらうことができます。フォロワー数を多く持つユーザーにリポストされることで、一気にフォロワーが増えることもあります。

　しかしXの拡散力の秘訣はそれだけではありません。「いいね」の数が多い投稿や、自分と共通のフォロワーがいる人など、Xのアルゴリズムによって「ユーザーと関連する」と判断された情報は、次々とタイムラインに表示されます。
　Xのアルゴリズム自身が、ユーザーにアクティブにXを利用してもらえるよう工夫されているのです。またそのアルゴリズムは、定期的に更新され変化しています。

　フォロワー数が少なくても、影響力のあるアカウントからコメントが入ったり、リポストしてもらえたりすると一気に拡がります。あゆみかん1分体操は、海外でバズった面白い動画もポストしてるので世界中で人気のものを厳選しているので確実に大小バズり以上するようなものをリサーチしています。なるべく簡単で分かりやすく、140文字はイメージしやすい言葉選びをしています。Xでは、今まで培ってきたマーケティング知識やビジネススキルも生かされるだけではありません。日々言葉を磨くための勉強にもなっています。

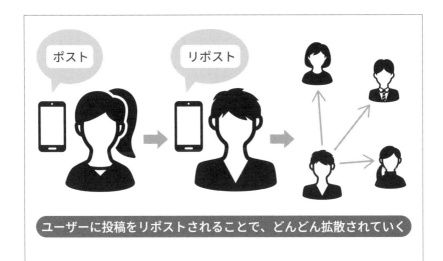

ユーザーに投稿をリポストされることで、どんどん拡散されていく

31

トレンド情報を
キャッチできる

Xは最近の話題も知ることができます。これから発信者としてXを活用する際には、トレンドを絡めたアウトプットにもぜひ挑戦してみてください。

Xのトレンドは今や世界の話題の中心

　今日何が起きたのか、今注目されている話題は何なのか、ニュースアプリのようにXを活用されている方も多いと思います。Xで特徴的な機能のひとつである「トレンド」機能は、数日や1日を通して話題になったトピックだけでなく、時間ごとに頻繁に入れ替わるため、最新の話題をリアルタイムで見つけることが可能です。

　テレビなどのメディアでも、日毎・週毎のXトレンドランキングが取り上げられるなど、Xでトレンドになっている話題は、もはや世界中で注目されている話題と言っても過言ではありません。

　トレンドを決定する要素は、特定のハッシュタグやキーワードの投稿の数、関連するユーザーの数、特定の時間枠での急速な増加度などの要素とされています。

　トレンド情報をキャッチできることは、海外在住の日本人にとって、ある一定のメディアが発信した話題作りの為の情報ではなく、トレンドの主軸に近いものを探ることができます。また、地震や災害時のニュースのスピード感はタイムリーに1秒1秒最新情報が、更新されていきます。今やニュースを見るよりXで情報を集める方が正しいものを選ぶことができます。日頃からこの方の情報は、信じられるという方は、チェックしておくことも必要不可欠だと思っています。

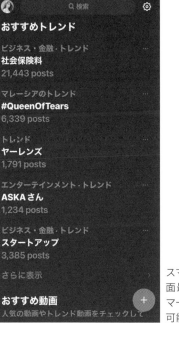

スマートフォンでは画面最下部の虫眼鏡のマークから見ることが可能。

トレンドワードを味方につけて活用しよう

　Xのトレンドを活用する方法は、最新の話題を知ることだけではありません。トレンドにランキングされているキーワードを活用することで、自分の投稿の露出を上げていくことが出来ます。具体的に活用するやり方は、トレンド入りしているキーワードを使った投稿をすることです。

　実際にトレンドに絡めた私の投稿をご紹介します。
　この日、私が投稿していたのは「現代人の栄養不足が深刻で、中でもタンパク質が不足している」という内容でしたが、おすすめトレンドに「タンパク質」が上がっていたのです。偶然かもしれませんが、私はそれを見て、頂いたコメントに返信する際に「タンパク質」のワ

ードを何度も出しながら返信していき、その投稿のコメント欄には「タンパク質」のワードが溢れていき、閲覧数もさらに伸びていきました。

　大リーグの大谷選手が、ホームランを打った次の日や話題になった次の日は、曼荼羅チャートや姓名判断や星占いなど、ありとあらゆるジャンルの専門家がご自身のコンテンツと大谷選手を掛け合わせて投稿していて、バズっていました。私も大谷選手は実はヨガマインドの持ち主だった！　とその理由や愛読書をご紹介させて頂きました。このように、事実ネタや検索されそうなネタをいち早くポストするのもバズを狙えます。

　季節行事も良いですね！

　ざっと考えるだけで、宇宙元旦、ライオンズゲート、クリスマス、ハロウィン、お雛祭り、卒業式、入学式シーズン、お彼岸やお盆などなど。ご自分のコンテンツと合わせていつでも季節物はポスト出来るように準備しておくと良いと思います。一年後また少し変えてポストすることも可能ですよ。一回投稿して良かったものは、一度格納しておくとまた取り出して少し変えてポストするというのもありです。

この日上がっていたトレンドワード「タンパク質」。

コメント欄にも「タンパク質」が溢れた。

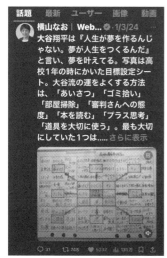

この曼荼羅チャートのポストは大谷選手の話題とあいまってバズりました！ さすが横山先生。

1人で頑張るより 仲間がいれば倍速に

SNSは、1人でやるものだと思っていませんか？　自分の発信力を上げていくためには、仲間と団結して相乗効果を上げていく方法もあるんです。

仲間と応援し合い相乗効果を上げる

　私自身がどのようにXのフォロワーを増やしたか、現在のような影響力を得るまでに何をしてきたかについては、主に5章で詳しくご説明していきますが、ここまで来るのに「一緒にXを伸ばしていこう」という仲間の存在は欠かせないものでした。

　実際に私がやってきたことのひとつに"100日チャレンジ"というものがあります。これは、毎日朝6時に100日間Xの投稿をチャレンジするというものです。「毎日朝6時に100日間なんてハードルが高い……」と思った方も居るかもしれませんが、1人ではきっとチャレンジすら出来なかったと思います。しかし、仲間が居たからこそ「今日もみんなも頑張ってる」と思うことができ、無事に完走することができたのです。

　仲間と一緒にチャレンジすることのメリットは、心強さだけではありません。一番のメリットは、その仲間同士で、リアクションをし合う、リポストをし合うというように、意図的に活発に動くことで、一緒にチャレンジしている仲間全体で相乗効果を上げていくことが出来ることです。

　例えば、30人の仲間でチャレンジをした場合、まずは自分以外の29人とフォローフォロワーの関係になることができます。（戦略的にしない場合もあり）そして、自分が投稿したときに、高い可能性でリアクションをしてもらうことができます。もちろん、自分自身も仲間の29

人の投稿に対して積極的にリアクションを行います。これを100日間続けることで、1人で投稿をしている100日間よりもはるかに影響力を高めていくことができます。何より大海原で一匹で泳ぐのは辛いもの。沢山の仲間のお魚を見つけてみてくださいね。

Xがいつも誰かがそこにいる場になった

　この"100日チャレンジ"を終えた後、私のフォロワーも1,000人ほど増えました。一緒にチャレンジに参加した方はフォロワー0人から2万人に増えた方もいれば、出版社から講演依頼が来たという方もいます。

　数字が伸びたことはもちろん嬉しいことですが、このチャレンジを通してX上での仲間というものが増えました。チャレンジ期間中に、仲間の投稿を目にして、それにコメントしたり、自分にコメントしてもらったりして、たくさんのコミュニケーションが生まれました。

　動画や写真やデザインと比べると、伝わる情報量が少ないXだからこそ、まっすぐにシンプルなメッセージが磨かれていき、たった140文字の積み重ねで、その人らしさを感じたり、発信内容からファンになってくれる人が増えました。「ひとつの投稿でこんなにフォロワーが増えた！」みたいなことを期待してしまう気持ちも分かりますが、Xの運用において、はじめから「バズり」を狙う必要は全くありません。

　140文字の投稿だけでなく、画像、動画、140文字以上のロングテキスト投稿ももちろんできますが、それは140文字の投稿に慣れてから、余力があれば始めればよいと私は思っています。

　伸びやすい投稿のつくり方など具体的なポイントは5章、6章でお伝えしていきます。

　私自身が何を発信するのか、受け取る人がどんな反応をしてくれるのかと深く向き合う時間となり、いつしかXが、アプリを開けばそこ

に仲間がいるという、私にとって欠かせない場所になっていきました。

　このような期間を経験したからこそ「Xで自由に自分を表現できる人を、もっと増やしていきたい」という想いにも至り、新たに取り組んでいきたいことも見えてきました。

　本書を読んでくださっている読者のみなさまには、ぜひともXを存分に活用していただきたいと思うので、今の私にお伝えできることを全て詰め込みました。そして知識だけではなく実践に上手く繋げられるよう、本書だけの特別なお知らせもしていきたいと思いますので、ぜひ最後までお読みくださいね。

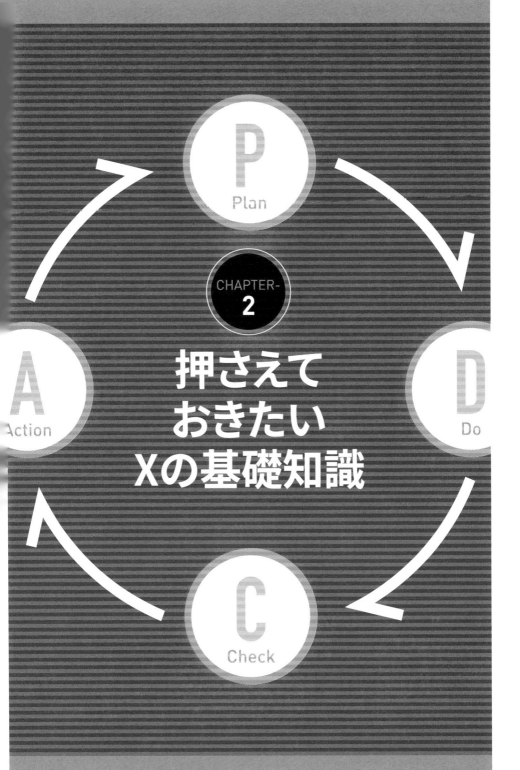

2

TwitterからXへの変遷

2023年、かつてのTwitterが「X」へと変化し慣れ親しんだ青い鳥のアイコンともお別れになりました。Xになって何が変わったのか、見ていきましょう。

リブランディングされ新しい方向性を示す「X」

アメリカの起業家であるイーロン・マスク氏によって、かつてのTwitterが買収されブランドを「X」へと変更しました。宇宙開発企業の「SpaceX」やオンライン金融サービスと電子メール決済の会社である「X.com」のように、「X」の文字は、マスク氏のさまざまなビジネスやプロジェクトにおいて使用されていて、ブランドや価値観を統合するものと考えられています。マスク氏は今後、現代に必要な機能を一括でまとめるいわゆる「スーパーアプリが必要である」とし、金融決済などの新たな機能を備えたアプリを目指すのではないか、と言われています。

なお2024年4月現在、Xに新たな機能がつくような動きやマスク氏からの公式発表などはありませんが、注視していく必要があると思います。

Xの機能面の変化

Xのアカウントで青色のバッジ（認証バッジ）がついているのを見たことはありませんか？

これは有料サブスクリプション「X Premium」に加入することで付与される認証バッジで、使える機能が拡大します。Twitter時代の「TwitterBlue」は、申し込めば誰でも入れるものでしたが、「X Premium」

に加入できるのはX側の審査に通った人だけとなっています。X Premiumに入ることで使える便利な機能を3つ紹介します。

　1つ目は、投稿の編集や取り消しが出来ることです。投稿後30分以内であれば投稿を5回編集することができ、最短5秒、最長60秒以内であればポストの投稿を取りやめることができます。

　2つ目は、5,000文字までの長文での投稿ができるようになります。文章を書くことが得意な方は5,000文字を使って、ブログ記事のように投稿することもできます。しかし、投稿では最初の140文字までしか表示されず「さらに表示」をタップすることで全文が表示されます。長文の投稿はアルゴリズムにも優遇されやすい仕様になっているようです。

　3つ目は、最長60分間の動画を投稿できるようになります。無料版のままでも動画を投稿することはできますが、長さは最大で2分20秒までの短い動画です。Xでは動画のハイライトを、本編はYouTubeで！などと誘導していた方も、直接X上で動画を見てもらうことができます。

　このほか、X Premiumに加入していて、さらに一定の条件を満たすユーザーに対し、広告収益の一部が還元される「クリエイター広告収益分配プログラム」というものが導入されています。これについてはこのあと詳しく説明します。なお、よく聞かれる質問のひとつに「ブルーバッジを取得した方がいいですか？」というものがありますが、積極的に発信したい情報がある、またXを集客のために本格的に使いたいと考えている場合は、ブルーバッジの取得をおすすめしています。逆に見るだけ、情報収集のためだけの場合はブルーバッジはなくても良いかと思います。

X Premiumに入ることで付与されるブルーバッジ。

　なお私の場合は、発信して「自身の世界観を知ってもらう」という目的があったため、ブルーバッジの取得を行いました。ちなみに、ブルーバッジは"自身が公式アカウントである"ということの証明にもなります。

　なりすましなどを防ぐ意味でも、ブルーバッジの取得はメリットがあると考えています。

Xの認証バッジについて

SECTION
02

「X Premium」の加入で付与される認証バッジについて、もう少し詳しく見ていきましょう。

X Premiumの認証バッジ

Xの認証バッジには3種類あります。

青バッジ（X Premium）…X Premiumの加入者に付与され、所定の認証基準を満たすユーザーであることを示します。

金バッジ（Verified Organizations）…企業や組織のアカウントが申請し、審査をクリアして認証済組織となった場合に、金バッジがアカウントに付与されます。

灰色バッジ（Verified Organization）…政府機関・多国間機関および関係者のアカウントに付与されます。灰色バッジが付与されれば、公式に認証された本物の各国政府期間・公的機関・国際的機関のアカウントであることを示します。

X Premiumの料金と申請条件

X Premiumの料金は、スマートフォンのアプリ経由かサイト経由かで異なります。

iOS：1,380円（年額14,300円）
Android：1,380円（年額14,300円）
Webサイト：980円（年額10,280円）

アプリ経由の場合は、月額1,380円です。サイト経由の場合は、月額980円とアプリよりもお得になっています。

また、X Premiumに加入するには、プラットフォームの信頼性を維持するために、以下の基準を満たしている必要があります。

基準	詳細
情報に不備がない	対象アカウントに、表示名とプロフィール画像が設定されている
アクティブに利用されている	対象アカウントが、過去30日間にわたってアクティブである
セキュリティが確保されている	対象アカウントが作成後90日以上経過していて、登録されている電話番号が認証済みである
欺瞞的行為に加担していない	・対象アカウントが、プロフィール画像、表示名、またはユーザー名（@で始まる名前）を最近変更していない ・誤解を招く情報や虚偽情報の流布を行っている兆候が認められない ・プラットフォーム操作やスパム行為に加担している兆候が認められない

X Premiumに登録するアカウントはXに審査され、すべての要件を満たしていることが確認されるとチェックマークが付与されます。

必要なタイミングで有料プランへの変更を

X Premiumに加入しているアカウントは、優先的に表示されやすくなり、「おすすめ」にも表示されるため多くの人の目にとまりやすくなります。ほかにも機能のメリットとしては次のようなものが挙げられます。

- 優先表示される
- 投稿の編集や取り消しができる

- 5,000文字までの長文投稿が可能になる
- 60分までの長尺動画を投稿できる
- 収益化プログラムに参加することができる
- 青色の認証バッジが付与される（信頼性UP・なりすまし対策）

　より多くの注目を集めたい場合や、他のユーザーとの交流が少ない新規のアカウントなどは、はじめから有料のX Premiumに加入してみるのもよいでしょう。すぐに必要ないという方は、基本のXの使い方に慣れてから検討してみてください。

ブルーバッジの意味合いの変化

　前項までで基本的な投稿は可能ですが、長文を投稿したり、ポストの内容を編集したりしたい場合はブルーバッジの取得がおすすめです。

　もともと、旧Twitter時代に存在していたTwitterBlueの「ブルー（認証）バッジ」はアカウントが公式で信頼に値するものであることを示す象徴として、特に著名人や企業に付与されていました。そのため、ブルーバッジは「限られた人だけが持てる」もので、一般ユーザーには手の届かない存在でした。

　しかし、2022年12月からその制限が撤廃。新たに有料課金による認証制度に変更され、ユーザーは一定の料金を支払って認証バッジを取得できるようになり、その後、現在の審査を経て取得できる「X Premium」へと変更されました。

Xで使う用語を
押さえよう

SECTION
03

ここでは、Xで使われる様々な用語についてと、それらの使い方についてお伝えします。

ポスト

　投稿されたメッセージのことを「ポスト」と呼びます。Twitter時代に「ツイート」と呼ばれていたものです。X上にはためになる情報、思わずリアクションしてしまうような面白いネタ、日々のつぶやきなど、様々なポストが投稿されています。

　私がポストを投稿する際に意識しているのは、「画面の向こうに生身の人がいて、その人は1人で見ている可能性が高い」ということです。身体に関する悩みは、産後の体形の変化とか、胸が小さいとか、肩こり、腰痛など、とてもパーソナルなものです。ですから、私の場合は1分間のエクササイズを通して、そうした「人には言えない悩み」を解決できるような投稿を心がけ、今画面の前で悩んでいる人のリアルな状況を想像しながら投稿内容や文章を考えるようにしています。

　集客やビジネスのためのポストのつくり方は6章で詳しく解説していきますが、見てくれる人の事をとことん考えることが「よいポスト＝見られるポスト」のつくり方だと思っています。

右下の青いプラスマークをタップし、ポストするを選択するとポストが作成できる。

リポスト

　他のユーザー（または自分）の投稿を再投稿することを「リポスト」と呼びます。Twitterの時は「リツイート」と呼ばれていました。

　リポストは、気に入ったポストを自分のタイムラインに流すことができるため、仲間（フォロワー）と共有したいときなどに使います。リポストマークをクリックするとダイアログが表示され、「リポスト」を押せば完了です。多くのユーザーにリポストされることで、ポストはどんどん拡散されていきます。これがX（Twitter）の「拡散力の高さ」を象徴する機能です。

　リポストした投稿は、自分のタイムラインに流れることでフォロワーさんにも届けられます。そのため「どんな情報をリポストするのかといった内容にも気を配る必要があります。自分のアカウントのジャンルに合った人のポストや、信念が合う人、共感できる想いを持った

人の投稿をリポストすることを心がけるとよいでしょう。

ポストの下にあるリポストマークをタップし、リポストをタップ。

引用

　他のユーザーのポストに、自分の意見や感想をを付けて投稿できる機能です。リポストと同じダイアログから、引用することができます。使い方としては、リポストとほぼ同じですが、「この投稿はこういう理由で役に立つ（面白い）ので紹介します」「これ、めっちゃ共感！」というように、なぜこの投稿をシェアしたくなったか、などの意思表示を付け加えることで、より見てもらいやすくなったり、更なる共感を呼んだりすることができます。

　また、自分のポストが誰かに引用されると、アルゴリズムに高く評価されますので、思わずコメントをつけて他人にシェアしたくなるような投稿を心がけてみてください。

ポストの下にあるリポ
ストマークをタップ
し、引用をタップ。

リプライ

　ポストに対して返信のコメントをする機能のことです。「リプ」と略して呼ばれることもあり、「リプを送る」「リプを飛ばす」「リプが届く」といった使われ方をします。リプライが付いたポストは、「いいね」が付いた時よりも54倍アルゴリズムに高く評価され、リプライに対する返信がつくとその倍数はさらに跳ね上がると言われています。そのためリプライをしたくなるような投稿を発信すること、また付いたリプライにはなるべく早く返信のリプライをすることが大切です。

　私の場合、リプライへの返信はなるべく6時間以内に返すようにしています。仕事や時差などですぐには返すことができないときは、「遅れてすみません」と添えて返すこともあります。こうした配慮は、リアルの人間関係と同じですね。

　リプライで意識しているのは、「〇〇さんおはようございます」のよ

うにお名前を呼びかけること、また私のトレードマークであるみかん「」の絵文字をつけることです。リプライもポストと同様に、画面の向こうにいる生身の人と向き合うことをつねに頭に置いて、その人を元気づけたり励ましたりできるような言葉選びを心がけています。

返信したいポストから、吹き出しのマークをタップするとポスト作成画面が開き、返信する相手の名前が表示されます。

いいね

　投稿した内容に対し気軽に共感を伝えることができる機能です。ハートマークを押すだけで「いいね」は完了です。自分が「いいね」したポストをあとからまとめて見ることもできるので、お気に入り投稿リストのように利用することもできます。

「いいね」の数が多いポストは、「おすすめ投稿」として表示されやすくなります。それだけでなく、自分のポストにたくさん「いいね」が付いていると、初めてあなたのポストを見た人からの印象がよくなり、

フォローされやすくなる一面もあります。また他のユーザとのコミュニケーションの入口にもなりますので、いいなと思ったポストには積極的に「いいね」をしてみましょう。

　しかし、自分のポストに「いいね」をもらいたいからと過剰に他の人のポストに「いいね」をして回っていると「スパム行為」として判断され、評価を落とすことになりますので注意しましょう。

いいねしたい投稿のハートマークをタップ。もう一度タップするといいねを取り消すことができる。

ブックマーク

　ブックマークとは、いわゆる「保存」機能です。気になるポストをブックマークに追加すると、あとで一覧を見ることができます。ポストをブックマークしたことは投稿を発信した人にも自分のフォロワーにも伝わることなく、ほかのユーザーのブックマークを見ることもできません。しかし、「自分のポストが、何人に保存されたか？」は自分

の画面で確認することができます。

　Xは、1日前のツイートでもすぐに流れてしまうSNSです。常に新しい投稿で埋め尽くされているため、1日前はおろか1週間前のポストを探そうとすると、かなり遡らないと見つけられないこともあります。そのため、「後でもう一度見返したい」「なにかの参考になりそう」と思ったポストは、ブックマークしておけば簡単に見つけることができます。

右下部にあるマークをタップし、ブックマークをタップ。その後見返したいときはメニューからブックマークを選択すれば、追加順に見ることができる。

2
SECTION 04

収益化について

この節では「Xをどのようにビジネスに使ったらいいの？」「どうしたら収益に繋がるの？」といった気になる収益化について解説します。始めやすい順に紹介していきます。

オンラインサロンやワークショップなどを開催

　徐々にフォロワーが増え始めたら、単発のワークショップやセミナー、自分主催のオンラインサロンなどを企画し、X上で告知を出してみるのもよいでしょう。日ごろから専門分野についての発信を積み重ねておけば、その分野に興味のある人やあなたに共感する人が一定数フォローしてくれていると思いますので、全く初めての方に突然告知するよりも、はるかに集客に結びつきやすいでしょう。

　特に、初めてワークショップやセミナーを開催するときは「反応が悪かったらどうしよう……」「誰も来てくれなかったら恥ずかしい……」などと不安になってしまうこともあると思います。最初は気軽に「（自分の専門分野の）こんな質問が多いからセミナーをやろうと思うけど興味ある？」など、フォロワーとコミュニケーションを取りながらスモールスタートで始めてみることをおすすめします。一度開催してみれば、参加者の反応などから直に手応えを感じることができて、自信も持てるはず。そうすれば、次のセミナー、また次のセミナーと回を重ねるたびに、企画内容を磨き上げていくことができるでしょう。

　また、ワークショップやセミナーなど、Xから外に出たリアルの場で交流ができると、フォロワーとの信頼関係が一層高まりファン化（一般的なフォロワーよりもつながり（エンゲージメント）が強く、長期的に好意を抱いてくれるフォロワー）していくことができます。手軽なセミナーを一度受講してくれた方が、後々もっと大きなバックエン

ド商品を購入してくれる。そんな可能性を秘めています。

　まずは少人数でも少額の参加費でもいいので、日ごろのX上の関わりから関係性を一歩広げて収益化を目指してみてください。

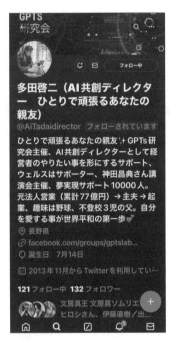

X始めてまもないけれど、スペースでワークショップを開催されている多田さん。ポストすると絡んでくれる。開脚も始めてくれました。

副業の商業出版もされ、大活躍の方。Xでセミナーの集客をしたり、スペースでワークショップやセミナーを開催。拡散されるXは良い！ということで、Xでも毎朝ポストされています。いつもリプありがとうございます。

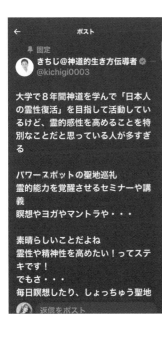

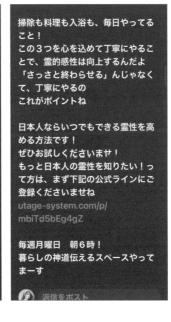

日々のポストから 公式LINEへ誘導し、オンラインサロンに繋げている。この方をXで見ない日はない！ 私がストーキングしてるだけ？ 特に長文は読み応えあり！

商品を宣伝して販売する

　物販などの商品を持っている方は、X上で告知をして実際の販売サイトなどに訪問してもらう方法もあります。オリジナルのアクセサリーや、美容サロンで開発したオリジナル商品、その季節に大量に収穫できて獲れすぎた農産物などの宣伝もX上でよく見かけます。

　ただ単に商品だけを宣伝するのではなく、その商品の誕生秘話や、制作過程、開発に至るまでの想いやストーリーなどをX上で公開していき、フォロワーや拡散された先で目にした方に共感してもらうことで、より購入に繋げやすくなります。「何を買うか」だけでなく、「誰から買うか？」が大切にされている時代にマッチしたプロモーションが可能です。

　私はヨガウェアのアパレル販売を7年行っていますが、私のXのポストを見て『柔らかレギンス』という製品を購入くださった方が、ヨガイベントにも参加くださったり、その方がポストしたご自身の素敵な

美脚写真を見た別のフォロワーさんがレギンスを購入くださったりと、ありがたい連鎖の事例がありました。「可愛いから写真を撮りたい」「好きだからアップしたい」「新しいものを購入したら誰かに見せたくなる、勧めたくなる」という純粋な気持ちがどんどん人から人へ広がっていくのも、Xの拡散力のすごさだなと感じています。ちなみに、レギンスの美脚のお写真は、男性も多いのですよ。

　他の方の事例もご紹介しましょう。お茶農家の9代目を継承されている"お茶のしょうさん"は、Xを積極的に活用することでお茶の販売に繋がっています。具体的には、お茶や健康の話をテーマに定期的に開催しているスペースが大好評。スペース内では直接お客様からの質問に答えるなどしていて、サンプルの発送依頼が絶えない状態です。毎月の売上の一部はXを経由してご注文されるお客様だそうで、良いものはリアル販売ではなくても、口コミや販売者のお人柄から人気が広がり、購入に繋がるという良い事例です。"お茶のしょうさん"は、とても優しい語り口なんですよ。いつもお声に癒されています。

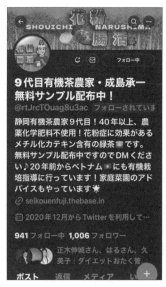

9代目のお茶屋さんです。あゆみかんおすすめの開脚を毎日やって、どんどん体が柔らかくなっています。

もうひと方、「心」の専門家である"まきさん"は、自身の経験に基づいた体質改善におすすめの商品をXで紹介、販売しています。鼻炎改善に特化した商品のキャンペーンを行った際は、実際に商品を試してもらった 約40名から「とてもよかった」「息が吸いやすくなった」というコメントが広がり、販売したクリーム・石けん・パックの3点セットは4か月で480万円の売上となりました。そのほか、帯状疱疹や視力改善などに関するセルフケアの投稿も、ケアを実践した人たちがXで感想を発信することによって次々に「バズ」が起きています。一般的に情報があまり出回っていないジャンルでも、実績や試した方のコメントがあることで、Xでは受け入れられやすい一面もあります。まきさんは、可愛らしくて不思議でとても魅力的な雰囲気の方なので、この不思議クリームのネーミング にぴったりなんです。

不思議クリームというネーミングも、ポストの内容も世界観がしっかりと作りこまれています。

インフルエンサーとして企業のPR案件を受ける

　企業側から「自社の商品を紹介してほしい」という依頼を受け、X
でその商品についてPRをすることで報酬を受け取ります。目安です
が、企業のPR案件はフォロワーが5,000人を超えたくらいから、DMを
使って直接企業より依頼が来るケースが多いようです。企業側のメリ
ットとしては、インフルエンサーにPRを依頼することで、自社のみの
発信よりも商品・サービスの認知を拡大でき、売り上げの増加に繋が
ります。

　例えば美容家電であれば美容系インフルエンサー、調理器具であれ
ば料理系インフルエンサー、育児グッズであれば子育て系インフルエ
ンサーというように、商品やターゲット層と相性がよいと思われるイ
ンフルエンサーに依頼が来ます。

　その他に、「インフルエンサーマッチングサイト」から依頼を受ける
パターンもあります。ただし、マッチングサイトの登録や受注には一
定のフォロワー数が条件となっている場合もあります。

　私も健康系、美容系、飲食系の企業様からPR依頼のご連絡を頂くこ
とがよくあり、実際に私が良いと感じたものはXで紹介させて頂くこ
ともあります。良いものはぜひ広がって欲しいので、これからもどん
どんご紹介したいです。

　47才の美魔女コスプレイヤーこと"鷹村アオイさん"は、ご存じの
方も多いでしょう。自分らしく好きなことを発信してXを楽しんでい
る方の一人で、海外の方も含め12万人以上のフォロワーがいます。昔
はオタクだとバレることが怖いと思っていた時期もあったそうですが、
彼女のコスプレの完成度の高さと強いこだわりは多くの方を魅了し、
彼女自身のファンという方が大勢います。インフルエンサーとしての
影響力の高さも素晴らしいです。大変ありがたいことに、彼女は私の
ヨガウェアブランド『Aonjasmine』の商品を度々紹介してくださって

おり、ニットのセットアップや柔らかレギンスは、彼女が紹介する度にオンラインショップの注文がどっと増えるという状態になっています。

コスプレや日常のつぶやきからXを楽しんでいる様子が伝わってきます！　長いお付き合いです。

　企業からのPR案件を受ける際に注意してほしいのが、「その商品は、本当に自分のフォロワーに紹介したいものなのか？」という点です。依頼を受けたからといって、「いつも見てくれているフォロワーにも使って欲しい」と自分が心から思える商品でないものを紹介し、過度な宣伝をしていると、フォロワーは「また宣伝か……」「本当に良いと思って紹介しているのかな？」など、せっかく築いてきた信頼関係に距離ができてしまいかねません。第一、本当に自分が良いと思えるものでなければ、リアルな感想やおすすめポイントを紹介できるわけがなく、宣伝効果も出にくいでしょう。

収益化プログラムを使う

　Xが2023年7月にスタートした「クリエイター広告収益分配プログラム」は、同年8月から日本にも導入されました。

　これは、一定の条件を満たすアカウントに広告収入の一部が還元されるシステムです。還元額は、「そのアカウントのポストやプロフィールに表示される広告がどれだけの人に閲覧されたか」によって決まります。

　この「クリエイター広告収益分配プログラム」で収益化するための条件は

- X Premiumに加入する
- 直近3カ月間で500万インプレッション達成する
- フォロワー500人以上を獲得する

の3つです。

　始めたばかりの方にとっては、ハードルが高いと感じるかもしれません。ですが500人以上のフォロワーがいるアカウントの場合、直近3か月以内に1回でも「バズ」を起こすことができれば、「500万インプレッション」は非現実的な数字ではないでしょう。少しでも多くの人の画面にポストを表示させるには、例えば「ポストの内容にトレンドを含める」「ユーザーの目に止まりやすい画像や動画を用いる」、もしくは「リプライをしたくなるような投稿」「付いたリプライへすぐに返信する」など、様々な手段でインプレッションを上げていく必要があります。

教材を作って販売する

　Xのアカウントの伸ばし方が分かってきたら、そのノウハウをコンテンツ化し教材として販売する方法もあります。一度制作した教材は、X上だけでなく様々なプラットフォームで販売したり、それを使ってセミナーを行ったりなど、展開して活用できます。

　「ブログの書き方」の発信が大人気の"アクセル先生"は、Xを経由して自身のメールマガジンに登録してもらう導線でブログの教材を販売し、月収1,000万を超えているそうです。夢がありますよね。こういった無形商品や教材を販売出来るのもXの特徴です。アクセル先生は、お話しさせて頂くととても家族想いの優しい方で、ご自身の考えの軸を持って発信されているのが分かります。このお人柄も、Xを通して多くの方に伝わっているのだろうなと感じます。

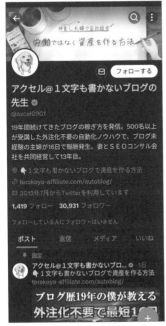

ブログの先生です。
「Xを集客で使う」と
振り切って活動され、
新しい働き方も提唱
されています。

61

Xで神道的生き方を伝えている"きちじさん"は、日本神話を知ることができる「大人のための古事記」の教材を販売。多くの方に購入され100万円以上の収益を上げたそうです。またお客様のほとんどがXの発信を見てファンになった方々で、個別相談に来られる方もいるのだとか。何かを学びたい、知識を得たいという「認知欲求」は、人間の欲の一つですので、教育コンテンツはこれからも伸びて行きそうな予感です。きちじさんの文章の書き方は、特徴的で読んでいてすごく引き込まれるので、発信の学びにもなります。

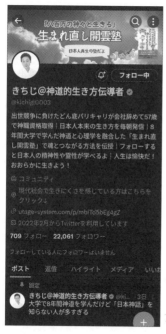

Xでメキメキ人気に。
日本の世直しを考え
ていることが本当に
伝わります。

ライティング代行を請け負う

　経営者の方や企業のアカウントなどでは、「発信していきたいのに、自社だけでは手が回らない」「発信したい内容はあるけれど、本業に集中したいから投稿作成を誰かに頼みたい」というニーズが、実はかな

りあります。Xの運用代行の場合は、コンサルティング的な意味合いも含まれることが多く、どんな内容を誰に向けてどれくらいの頻度で発信していくか、などを依頼主に提案したり相談を受けたりしながら進めていきますが、ライティング代行の場合は、依頼主が発信したい内容は決まっていて、セミナー動画や過去の発信を参考に「Xの投稿文章を作成する」部分がお仕事になります。

Xのコンサルタントとして収益を上げる

Xで自分のフォロワーやインプレッション数を伸ばすことができたら、そのノウハウをもとに、他のアカウントからの相談を有料で受けたり、コンサルティングを受注したりすることもできます。

コンサルタントとして活動をし始める目安としては、"日本人のXユーザーの上位20%以上"といわれる「1,000フォロワー」。1,000人を超えたら、そうしたビジネスを検討してみるのもよいでしょう。

卓球歴57年！ Xでもマーケティングを極めていらっしゃる人生の大先輩です！

勝負ごとに勝たせるプロとしてコーチングをされている"けん先生"は、70歳という年齢でありながら、自身のXのアカウントを伸ばした経験から、Xのコンサルティング・代行の依頼を数多く受けている方です。自身が学んだ内容を資料にまとめ、「Xの0→1のやり方教えます」と投稿したところ、すぐに「ぜひ教えてほしい！」という方から連絡が来たそうです。「Xを投稿したいが何を書いていいか分からない」「やり方が分からない」「継続できない」という方たちのアカウントを一から作り直し、500人、1,000人、2,000人とフォロワーを増やしています。「Xに、年齢は関係ない。お仕事にもなるし、頭の体操にもなる！」そんなけん先生のポストには、いつも励まされます。"人生優勝"のキャッチコピーも素敵です。

　さまざまな収益化をご紹介してきましたが、すべての項目を行う必要はありません。ご自身が興味をひかれるもの、あるいは得意でやれそうなことから優先的に取り組んでみるといいでしょう。
　私の場合は、ヨガ講師としての活動がメインですが、時々Xのコンサルティングをお願いされることもあります。投稿内容などのアドバイスをしていますが、「教える」という行為もまた自分の学びにつながっています。
　こういった経験ができるのもXの魅力のひとつだと感じています。

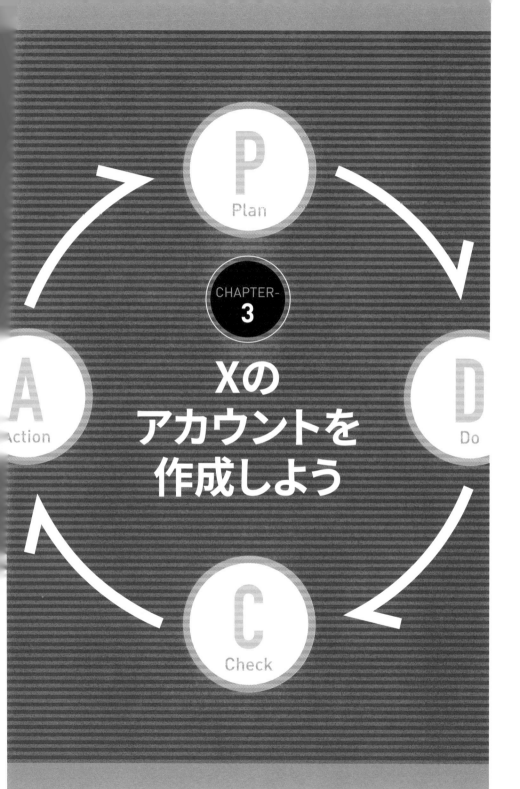

P
Plan

CHAPTER-
3

Xの
アカウントを
作成しよう

D
Do

A
Action

C
Check

Xのアカウントを作成してみよう

3

SECTION
01

本節では、Xのアカウント作成と設定の手順について説明します。アカウントの作成は5分ほどで、手順を追うだけで簡単にできます。

まずはアプリをダウンロード

　Xは、パソコンからでも閲覧・投稿はできますが写真や動画の投稿をする場合は、スマートフォンからアップロードした方が断然使いやすいです。なにより、「パソコンよりもスマートフォンの方が操作しやすい！」という方も多いのでは？　そこで今回は、スマートフォンからXを使用する場合を想定して、説明していきます。

　まずは、Xのアプリをダウンロードするところから始めましょう。Androidの方はGoogle Playから、iPhoneの方はApp storeからそれぞれ「X」で検索し、アプリケーションをダウンロードします。なおダウンロードは無料ですのでご心配なく！

Android版

iPhone版

基本情報の入力

　「アカウントを作成」ボタンをクリックすると、アカウント作成用の

フォームが表示されます。「Googleのアカウントで続ける」場合は、ボタンをタップし、使用するアカウントを選択します。

「Googleのアカウントで続ける」または「アカウントを作成」をタップ。

名前：あなたの本名またはニックネームを入力してください。この名前があなたのXアカウントの表示名になります。ちなみに、名前は登録後に変更することができます。

電話番号またはメールアドレス：Xアカウントに登録するための連絡先情報を入力します。これには、電話番号またはメールアドレスのいずれかを選択します。アカウントのセキュリティやパスワードのリセットに使用されます。

生年月日：生年月日を入力します。なお13歳未満のユーザーはアカウントを作成することができません。このとき、「自分の生年月日を不特定多数の人に知られたくない」と適当な日にちを入れてしまう人がいますが、メリットとデメリットがあります。

メリットは、プライバシーを守れるということです。Xは、名前だけではなく生年月日も本当のものを載せなくてOKのため、より匿名性の高いアカウントをつくることができます。

　一方デメリットは、適当な数字を入れてしまうと、本人確認の際に生年月日を聞かれたとき忘れたりわからなくなったりするリスクがあることです。

　生年月日は「非公開」にすることもできるため、本来の日にちを入れても良いと私は思っています。

　なおXはお誕生日に画面上に風船が飛ぶことから、「今日お誕生日です！　風船を割りに来てください〜」というネット用語が飛び交います（実際に風船は割れません）。ファンの方とこうしたやりとりをするのもひとつのコミュニケーション。生年月日ネタも上手に使用したいですね。

「名前」、「電話またはメールアドレス」、「生年月日」を入力して、[次へ] をタップ。

認証コードとパスワードを入力

認証コード入力：入力した電話番号宛にショートメッセージが届きます。送信された6桁の数字を入力しましょう。

パスワード：アカウントにログインする際のパスワードを8文字以上
で設定します。セキュリティを考慮して、強力なパスワードを選択し
ましょう。大文字と小文字の混在、数字、特殊文字の使用をお勧めし
ます。

受信した認証コード
を入力して［次へ］を
タップ。

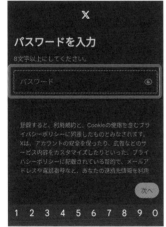

8文字以上でパスワー
ドを設定。

その他の設定

以下は「今はしない」を選択することができ、後から設定や編集を

することもできます。

プロフィール画像：カメラ撮影または写真フォルダから選択することができます。詳しくは後述いたしますが、著名人・有名人の写真や風景などの写真はみなさんがどんな人なのか、わかってもらえません。イラスト等でもよいのでなるべく自分の顔がわかるものをプロフィール写真に入れるようにしましょう。

ユーザー名の入力：プロフィール画面で、自分の名前の下に出てくる名前のことです。@以下で示されます。英数字のみ使用でき、既に使われているユーザー名は使うことができません。もし被ってしまっている場合には数字などを用いてオリジナルな名前に変更しましょう。

連絡先の同期：連絡先に登録されている人でXアカウントを持っている人を自動で検索してくれる「同期」機能もついています。ご自身の名前で集客したい、ブランディングしたい、あるいはリアルの友人ともつながりたい場合は、同期を選ぶと良いでしょう。

興味のあるトピックを選ぶ：エンタメ、スポーツ、ニュース、などのトピックの選択とおすすめのアカウントが表示されます。

位置情報の選択：利用端末の位置情報の収集、保存、使用許可について選択します。「OK」で許可した場合は、位置情報に基づいた地域のニュースや広告などが表示されるようになります。

プロフィール画像または写真を選択。

英数字でユーザー名
を設定。

設定完了のメール確認

　アカウント作成後、登録した電話番号またはメールアドレスに確認
メッセージが送られてきます。このメッセージに従って、アカウント
の確認手続きを完了させましょう。これで、Xアカウントの作成は完
了です。早速Xを使ってみましょう！

COLUMN
Xが新しい世界をつれてくる

　私は現在マレーシアに住み、日本を行き来しながらビジネスを行っているのですが、数年前のコロナ真っ只中のとき大変な思いをしました。

　バリ島のウブドにあったヨガウェアブランドの"Aon Jasmine"を扱うアパレルのお店を閉店。タイの3店舗のお店も閉店となりました。さらに悪いことは続き投資でも大失敗。「何もなくなってしまった……」そんなどん底の気分の中、私は何か始めたいと無料で出来るSNSを始めました。それがclubhouseという音声アプリです。沢山の素晴らしい方々のお話しを聴くことができ、本格的にインスタも投稿するようになりました。その流れでXのアカウントを作成、本格的に運用を始めたのです。

　Xをスタートしていろいろな学びの場にも出かけ、脳の仕組みも知ることができました。脳は、自分の常識や自分の知っていることしか正しいと思えないように出来ています。それを脳のRAS※（ラス）といいます。このRASは、自分の興味・関心のある情報を無意識に多くインプットする「フィルター」のような役割を果たします。つまり、興味・関心がないことには脳が反応せず、無意識に情報をスルーしてしまうのです。全ての情報を受け取っていると、脳に膨大な負担がかかってしまうので、必要な機能ではあります。しかし、知らないこと自分にとっての非常識なことは悪いことや関係のないこととに分類してしまうのです。この脳の仕組みを外していくのにも、SNSの世界、特にXはおすすめです。なぜなら、自分の知らない世界がXには複数存在しているからです。

　自分の知らないことを知る。人に良い情報を与える。そして、同じ志を持った人と関わっていく。そうすることで引き寄せや、面白い分野の方々との出会いがどんどん広がっていきます。

　SNSがなかったら、私は失敗したことを引きずり、とても小さな世界で生きていったかもしれません。でもあの時勇気を出してよかった。今では本当にそう思います。きっとあなたも、そう思える瞬間がどこかで来るはずです。

※「Reticular Activating System」の略で、脳幹網様体賦活系（のうかんもうようたいふかつけい）という脳機能の1つです。

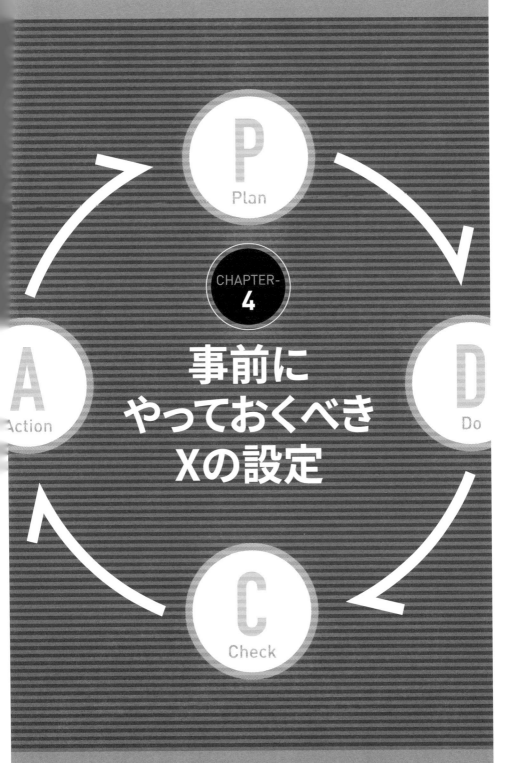

P
Plan

CHAPTER-
4

D
Do

A
Action

C
Check

事前に
やっておくべき
Xの設定

4

アカウント"設計"で
9割決まる

SECTION
01

アカウントのつくり方が分かったら、次はこのアカウント
をどのように運用していくかを決めます。この節では、運
用に欠かせない、アカウント設計についてお伝えします。

どのジャンルで発信していくのかを決める

「アカウントもできた、さあ、早速ポストしよう！」とやる気満々の
みなさんはそう思うかもしれません。でも、ちょっと待ってください。
Xを集客や自分のブランディングのひとつとして使いたい場合、それ
だとうまくいきません。

「何も考えずに」進めてしまうと思っていたような反応がとれなかっ
たり、あるいは途中で挫折してしまったりして、せっかくのやる気も
しぼんでしまうかもしれません。そのため、ポストをしていく前に「ど
のジャンルで発信していくのか」を決めましょう。ではなぜ最初にジ
ャンルを決めておく必要があるのでしょうか。その理由は3つありま
す。

まず一つ目は、見てくれる人に「どんな情報を発信しているアカウ
ントなのか」「フォローすることで何を得られるのか」をアカウントを
見ただけで分かるようにするためです。人は"よくわからない"人の
事をフォローしたり、「いいな」と思ったりすることはありません。
「このポスト面白い！」「役に立つ」と思って興味を持ってくれたとき、
フォローする前に必ずプロフィールを確認します。その時に、発信し
ているジャンルがバラバラだったり、どんな人なのかよくわからない
と思われてしまったら、フォローされることはありません。その点、
ジャンルを決めておき、テーマに沿った投稿をするとより説得力も信

頼感も湧くもの。だからこそ、ジャンルの設定は必須なのです。

　2つ目の理由として、Xにはアルゴリズムがあるためです。アルゴリズムとは、ユーザーのタイムラインに適した投稿や関連のある投稿がおすすめとして表示される機能のこと。そのため、「このアカウントはこのジャンルです」と認定できれば、より多くの人におすすめ表示をしてもらえることになります。ちなみに、Xで企業のPR案件や広告収入を狙っていきたい場合もジャンルの認定は重要だと言われています。

　3つ目の理由、これが私の一番大事にしていることですが、「自分自身が楽しんで継続していく」ためです。「話題にのぼりやすいジャンルだから」「トレンドだから」といって、興味もないことを発信のテーマに選んでしまうと、結局投稿するのが苦痛になってしまい、続かないばかりか、日々の心の負担になってしまうかもしれません。1章でもお伝えしましたが、Xは気軽に続けられることが一番のポイント。本当にご自身の伝えたいこと、やりたいこと、エネルギーを傾けられるものを発信の題材に選びましょう。

　「いろいろあって、ひとつに絞り切れない」あるいは「テーマ選びにどうしても悩んでしまう」場合、「あなたがいつもどんなことに時間を使っているか？」を考えてみましょう。つぎに、「あなたが人生で一番関わって来たものはなにか？」を考えてみましょう。この2つの軸で考えていくと、きっとあなただけの「伝えたいこと」が見つかるはずです。といっても、最初からすぐに投稿内容は固めきれないかもしれません。実際、Xを始めた頃は私も伝えたいことがありすぎて彷徨っていました。体操やからだづくりに関するいろんな投稿をして行く中で、フォロワーさんたちの反応を見ながら確立することができたのです。まずは「ジャンルを決める」ことに時間をかけていきましょう。

Xのフォロワーはコンテンツにつく

　ジャンルを決めたあとの注意点があります。それは、「ジャンルを途中で変更しない」ことです。例えば、これまで写真撮影の方法を伝えていたのに、「やっぱりダイエットのことにしよう」といきなり変更してしまう場合です。

「そんなことしませんよ〜」と思うかもしれませんが、意外や意外、アカウントを見ていると同一アカウントで全然違うジャンルのことを投稿している人って結構多いのです。

　ではなぜ、ジャンルの途中変更がNGなのか。それは、大きく分けて2つあります。

　1つは、「Xのフォロワーさんは、コンテンツを重要視しているから」です。例えばInstagramのインフルエンサーであるインスタグラマーや、YouTubeで活躍するユーチューバーであれば、その人自体のファンがつきやすかったり、好きなインフルエンサーが紹介する物や私生活まで全部気になる！　というファン化が起きやすいため、むしろさまざまな投稿がウケる傾向にあるのですが、Xはそうではありません。情報の正確性や質の高さ、コンテンツの内容自体にファンやフォロワーがつくのです。実際私もフォローしている方の人柄というより、その人の発信内容に惹かれてフォローすることがほとんどです。これはXというプラットフォームの特性でもあると思うのですが、いずれにしても、Xは「コンテンツ命」と覚えておきましょう。

　そしてもう1つが、「フォロワーさんを置き去りにしてしまうから」です。

　例えば私の毎朝の1分体操を楽しみにしてくれているフォロワーさんに対して、急に投資の話をしたり、不動産の案件をおすすめしたりしたら、一気にフォロワーさんは離れていってしまうでしょう。なぜ

ならここにいるフォロワーさんは、「体操」や「痩せる」事に興味がある方々ばかり。言ってしまえばそういったフォロワーさんを無視してしまうことになるからです。

　まったく違うジャンルで話してしまうことによって、既存のフォロワーさんは離れてしまう、ご自身のブランディングもブレてしまう、といいことは1つもありません。
「フォロワーさんは私のコンテンツを見に来てくれている」このことを忘れないようにしましょう。

　とはいえ、たまには専門外の発言もしたい、もっと自分を出したい。たまには本音を呟きたいと思う時もありますよね。そんな時にはどうしたらいいか？　はこの後6章の「ポスト作成のコツ」でお伝えします。

伸びるアカウントの発信軸設計

4

SECTION 02

では、どのようにして発信ジャンルを選ぶのがよいか、どのようなジャンルがあるのかについてもう少し詳しくお伝えします。

強み（得意なこと、差別化）

あなたの発信軸を決めていく際に大切なのが、「自分の強みや魅力」「価値観」です。「自身の強みや魅力」と言うと、「人よりも圧倒的に優れている何か」というイメージを持つ方も多いかもしれません。「自分には人より優れている特技はない」「まだまだ語れる自信がない」と考えこまなくてOKです。

まずはシンプルに自分は「何が好きなのか」「何が得意なのか」「持っているスキル、知識、できること」「どんな困難を乗り越えてきたか」「自分を構成している要素、何を幸せと感じるか」などをどんどん言語化していきましょう。好きと出来ることの書き出しワークがおすすめです。わたしは、SNSブランディングコーチとして普段は、セッションをしていますが、クライアントさんとの最初のセッションの際に、好きなこと出来ることを書き出すワークを必ず入れています。そこのヒアリングを通して、オリジナルの商品設計をしていきます。まだ何もないと仰る方にも必ず何かあるのです。あなたの人生は、あなたの人生の長さだけ時間を使ってきたことがあるはず。その時間の棚卸しです。

必ずしも華々しい実績がなくても、自分の強みを自分自身で理解できていることで、発信の内容が磨かれていき、刺さりやすい発信にしていく事ができます。

需要（求められていること、課題解決）

　自分の強みが分かったら、それが、どんな人の悩みや課題を解決することができるのかを考えてみましょう。前節で、自分が楽しんで続けられることが大切である、とお話ししましたが、ただ単に自分の「やりたい」という気持ちだけではビジネスをやる上では成功しません。どんなに優れた強みがあっても、それを求める人がいなければ、投稿自体も見られない、フォローもされない、売上にも繋がらないということになります。ビジネスは、お悩み解決。ありがとうの返礼品がたまたまお金である。そんなことを、良く聞きますが、ここで考えていただきたいのは、「あなたの特技が誰かのお悩みを解決するかどうか？」です。例えば人より投資に詳しい、音楽に詳しい、などあると思いますが、それらの知識や経験が「誰かの役に立てそうか」考えてみてください。

　なお、主観的にジャッジするだけではなく、客観的にもそれらを調べることで「需要」を知ることができます。

　ご自身のスキルを確かめる方法は、さまざまあります。

- 検索サイトの検索ボリュームを調べる
- SNSで関連するキーワードのハッシュタグの件数を調べる
- Yahoo!知恵袋などでの質問を調べる
- YouTube検索やインスタグラムでのハッシュタグを調べる
- X上で同じジャンルで成功している人がいるかどうか

などで確認できます。ただし、あなたが発信したい内容で、たくさんの発信者がいるということは、それだけニーズもあると考えることもできますが、逆に言うと「レッドオーシャン状態」で、なかなか突出できない、ということになるかもしれません。そのため、「レッドオーシャン状態だけれど、後発組が入っても大丈夫かどうか？」まで考

える必要があるでしょう。

　ぜひみなさんには、今日からXウォッチャーになって欲しいと思います。フォロワーさんが日々どんなことに悩んでいるのか？　また、どんな発信がバズっているのか？　をぜひチェックしてみてください。それができたら、今度はSNS外のところでも注目してみてください。例えば、あるお店が行列になっていたり、流行っていたりしたら、「なぜ人々からウケているのか？」「広告なのか？　戦略なのか？」「どんなブランディングなのか？」「年齢層は？」など仮説を立ててみてほしいのです。これは別に正解・不正解などは気にする必要はありません。まずそうやって世の中の動向をウォッチすることが、マーケティング思考にプラスに働くのです。

　ちなみに私は、ダイエットアカウントや健康アカウントの中でどんな発信や情報に人々が関心があるのか？　常にアンテナを張っています。気づくとリサーチだけで2〜3時間費やしていることも……（笑）。でも全然苦じゃないのです。ぜひ、みなさんの得意で興味のある分野から、需要を探してみていただければと思います。

伸びやすいアカウントのジャンルHARMの法則

　興味があるジャンルを選んでほしい、とお話しましたが中でも「反応を得やすい」と言われているジャンルがあります。それは、「HARMの法則」と呼ばれるものです。

　HARMの法則とは、Health（健康・病気・ダイエット・筋トレ・食事など）、Ambition（夢・仕事・就職・転職・キャリア・人生など）、Relation（人間関係・恋愛・結婚・離婚・家族・友人など）、Money（借金・遺産・詐欺・投資・副業など）の4ジャンルです。人はそれぞれさまざまな悩みを抱えているものですが、根本的な悩みを分類すると、この4つに分けることができます。これは、情報発信ビジネスや、コピーライティング、セールスなどでも活用されている法則です。

これらの悩みに共通することは「悩みが深く、人になかなか相談しづらい」領域であることです。Xの発信においても、「誰にでも話せないけど、潜在的に望んでいること」に変換していく事で、それが見てくれる人の役に立つ情報になり、継続的に見たいと思われるアカウントになっていきます。とくに、SNSではこっそりお悩みを検索するシチュエーションも想像できますよね。誰にも言えない悩みからライトな検索までどんなシチュエーションで、画面の向こうの生身の人間が検索するのか？　を想像してみてください。私の場合は、

- 40代以上
- 誰にも言えない体のお悩みを解決する

　ということをテーマにして、産後の尿漏れやパートナーシップにつながる膣トレ体操や隙間時間に簡単に出来る"あゆみかん1分体操"をつくりました。ただ、ダイエットしたい、痩せたい！　だけではなく、その先に潜在的にあるモテたい！　健康で長生きしたい！　いつも心身整っていたい！　そんな意識の高い人に向けての発信を心がけています。ぜひ、このHARMの法則を意識してジャンル設定をしていただければと思います。

アカウントリサーチの しかた

4

SECTION 03　発信軸が決まったら、同ジャンルのアカウントリサーチを行いましょう。プロフィールや投稿の内容など、伸びているアカウントを参考にするのが一番の近道です。

成功者をモデリングすることの重要性

　新しいことを始めるとき、成功しやすい人のパターンがあります。それは「成功している人のやり方を真似る」ことです。いわゆる、TTM（徹底的に真似る）の法則です。「自己流でやってみた方が自分の色を出しやすくて、成功するのでは？」と考えるかもしれませんが、実はそれは誤りです。自己流では、Xで結果が出るまで試行錯誤をする必要があります。しかしそれでは、成功までにかなりの時間を要してしまいます。結果、思ったような反応がとれないなど失敗する可能性は限りなく高いといっていいでしょう。そもそも、Xには先に始めた数多くの成功者がいて、効果的な戦略やアプローチはすでに確立されています。それなら、プロセスで自分らしさを出すのは得策ではありません。すでにバズっていたり集客に成功したりできている人の真似をしてしまいましょう。

　モデリングするアカウントは、ご自身のアカウントやジャンルにマッチするフォロワーが5,000〜1万人くらいの方をピックアッすること。さらに、できるだけフォローの数が少なく、1つの投稿にたくさんリツイートやいいねが来ている人が望ましく、アクティブに活動してる方がおすすめです。青バッチのついている（＝課金している）ユーザーだとなおさらいいでしょう。また真似する対象は1人でなくても構いません。最低3人はモデリングする人を見つけて、それぞれの良い点を真似するといいでしょう。

ブラウザ版の「高度な検索」を使う

前項で、「同ジャンルで成功しているアカウントを見つけてみましょう」とお伝えしましたが、同じジャンルだけではなく、伸びているアカウントを探し、参考にすると自身の投稿にプラスに働きます。そこでここでは、高度な検索の仕方をお伝えします。Xには、通常のキーワード検索よりもさらに条件を絞った検索ができる「高度な検索」機能が存在します。高度な検索では、時間や場所、キーワード、いいね数やリポスト数の多い・少ないなど、様々な条件で検索することができます。

ただし、高度な検索はアプリ版では利用することができません。Xの高度な検索を使う場合はGoogleやYahoo!からアクセスできるウェブブラウザ版を活用する必要があります。注意してください。

アプリ版では「検索コマンド」を使うことで「詳細な検索」が可能です。検索の際に「検索コマンド＋キーワード」の形で入力することで自分の希望する条件にそって検索することができる機能です。

例えば、

- 特定のユーザーのポストを検索したいときは「@ユーザーID」
- いいね数が指定数以上のポストを検索したいときは「min_faves:いいね数」
- 2024年3月1日以降のポストを検索したいときは「since:2024-03-01」

などのように、指定のコマンドを使うことで検索結果にフィルターをかけることができます。ただし、慣れないと使いにくいなどの欠点もありますので、リサーチの際はブラウザ版を活用してみるのもよいでしょう。

ブラウザ版の「高度な検索」画面。ボックスに数値やキーワードを入力することで検索することができる

「高度な検索」の項目の活用

高度な検索には「キーワード」「アカウント」「フィルター」「エンゲージメント」「日付」の5つの項目があります。検索できる条件は、以下の通りです。

■ キーワード

- 「次のキーワードをすべて含む」→AND検索（AとBの両方を含む）「次のキーワード全体を含む」→完全一致検索（AandBというキーワード全体を含む）
- 「次のキーワードのいずれかを含む」→OR検索（AとBのどちらかまたは両方を含む）
- 「次のキーワードを含まない」→NOT検索（Aを含まない）
- 「次のハッシュタグを含む」→ハッシュタグ検索（#Aを含む）
- 「言語」→言語を指定して検索できる

■ アカウント

- 「次のアカウントが送信」→指定のユーザーが送信したポストを検索
- 「次のアカウント宛て」→指定のユーザーに向けられたポスト（リプライ）を検索
- 「次のアカウントへの@ポスト」→ユーザーを複数指定でき、そのユーザーに対するリプライを検索

■ フィルター

- 「返信」をONにすると「返信と元のツイートを含める」か、もしくは「返信のみ表示」できるフィルターをかけられる（OFFにすることも可能）
- 「リンク」をONにすると「リンクを含むポストを含める」か、もしくは「リンクを含むツイートのみ表示」できるフィルターをかけられる（OFFにすることも可能）

■ エンゲージメント

- 返信の最小件数検索→指定した件数以上の返信（リプライ）がついたポストを検索
- いいねの最小件数→指定した件数以上いいねがついたポストを検索
- リポストの最小件数→指定した件数以上リポストがついたポストを検索

■ 日付

「次の日付以降」もしくは「次の日付以前」のポストを検索できます。

　これらの高度な検索のフィルタを使って、自分のジャンルで人気のある投稿はどんなものか？　よくリポストされる投稿はどのような傾向があるか？などを知ることができます。例えば、キーワードに「ダ

イエット」を入れていいねが「200件」以上の投稿を探すことで、ダイエットでよくいいねされている投稿の内容や書き方の傾向がわかります。様々なパターンの検索を行って自分のジャンルをリサーチしてみましょう。

　ここまでの説明で難しそう！　と思ったかもしれませんが、大丈夫です。私も最初は使いこなせませんでしたが、高度な検索をするうちに、やり方を覚えていきました。なので最初は難しく考えずに、「どんな投稿が読まれているのかな」と気になったら、検索の虫眼鏡マークに知りたい内容を入れてみてください。

アカウント名設定の ポイント

SECTION
04

この節では、アカウントの顔となるプロフィールの中でも、一番に目に触れるアカウント名について、どのように決めていくかをお伝えします。

分かりやすく、覚えられやすい名前にしよう

プロフィールの中でもアカウント名は、他人が自分を認識する最初の文章であり、非常に重要です。パッと見たときに興味を惹かれる名前だと、ついついプロフィールを覗いてみたくなりますよね。また、覚えやすい名前だと、その時はスルーしても、後日気になったときに検索をかけることも可能です。

Xでよく言われているのは、4文字のニックネームが覚えられやすく、最後に「ん」がつくものやなんの専門家か分かるように〇〇先生と使われる方も多いです。かくいう私も「あゆみかん」で、「ん」がくるように意識しました（笑）。ほかにも「さとみん」「たかりん」「アクセル先生」「けん先生」など、さまざまな名前があります。ご自身のジャンルで使われている方のお名前をリストアップして研究してみてくださいね。

肩書きや実績で専門性を示す

わかりやすい名前に、「肩書」や「実績」を添えることで専門性を出すことも効果的です。名前だけではその人が一体どんな人なのかはわかりませんので、名前の後に「@」「｜」や絵文字などで区切って、自分の肩書きや実績を添えましょう。例えば、「イラストレーター」「整体師」「ヨガ講師」「パーソナルトレーナー」などなど、あなたの強み

は相手に伝えなければずっと伝わりません。ぜひ専門性を持っている
方であれば、前面に出していきましょう。

アイコン画像・ヘッダー画像

4

SECTION
05

プロフィールに設定するアイコン画像は、アカウントを認識してもらう大切な部分。ここではアイコンやヘッダー画像をどのように選ぶかについてお伝えします。

アイコン画像とヘッダー画像の重要性

第一印象は、最初の3秒で決まるというのを聞いたことがあるでしょうか?　近年のSNS上における第一印象は、1秒にも満たない瞬時の判断で決まってしまうともいわれています。アメリカの心理学者によって発表された有名なメラビアンの法則では、第一印象の判断基準のほとんどが、視覚情報から得ているということが分かっています。しかもこの超情報化社会においては、第一印象で投稿を「見てみようかやめようか」決めるといっても過言ではありません。

X上で、まず目に入るものといえば、アイコン画像とヘッダー画像です。よくアイコン画像だけを設定している人がいますが、これは誤りです。ヘッダー画像はあなたの「イメージ」を伝えるうえで非常に大事な部分。そのため、この2つは必ず設定するようにしましょう。しかも、瞬時にユーザーに好印象を与え、信頼感や親近感のあるアイコンを設定することが重要です。

自分がどんな印象を持たれたいかで決める

ではどんなアイコン画像がいいのでしょうか。Xのアイコンにはさまざまなパターンがあります。本人の顔写真のものや、似顔絵イラスト、キャラクター、AI生成画像、ロゴなど、他のSNSよりも自由度が高い印象です。

89

どのパターンを選ぶのもありですが、その場合基準となるのは「自分の見せたい雰囲気」に合っているかどうかです。

　「とりあえずこの写真があるから」と、どうしても手持ちの物を活用するのはNG。ここでもまず、「自分がどんな印象を持たれたいのか」考えてから行動にうつすようにしましょう。

- 親しみをもってもらいたいのか
- 格調高く見られたいのか
- 専門性を押し出した先生として見られたいのか
- かわいく美しく見られたいのか
- 元気でカジュアルな印象を持ってもらいたいのか

　今挙げただけでも、印象は全然違います。まずは、あなたがどんなイメージを持たれたいのかを決めて、それに合う画像を使用しましょう。

　それが決まったらあとは写真撮影になるわけですが、ここで大事なのは「自分のテンションが上がる画像」にすること。具体的には、普段より盛れている写真や、実物を元にしたアニメ化画像をアイコンにしてみてください。最初はちょっと違和感があるかもしれませんが、等身大の自分を出すより、少し背伸びしたアイコン画像を出すことで、自分のテンションが上がり投稿したくなってしまうものです（笑）。小さなことかもしれませんが、ぜひやってみてくださいね。さて、最後に参考になりそうな方々のアイコン画像をお伝えいたします。お気に入りのアイコンはありましたか？　ぜひご自身のイメージに合うものを探していただけたらと思います。

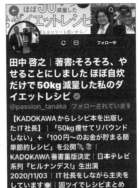

田中啓之さん：
ダイエットのアカウントであることが分かるビフォーアフターのアイコン画像。

パンダさん：キャラクターにしている片付けパンダと本人の写真のアイコン。

おざようさん：ターゲットの女性に好まれる柔らかい雰囲気のイラストアイコン。

静岡の元教師す
ぎやまさん：自
身の最新刊の著
書と顔写真のア
イコン。

サニー｜かんた
ん薬膳さん：真
の健康とは何
か？　を多くの
方に訴えていま
す。著書の写真
で権威性を出し
ています。

ヘッダー画像もアイコンと合わせて

　アイコン画像ができたら、次はヘッダー画像です。こちらもアイコンと合わせて、自分の見せたい雰囲気に合った色使いや写真、デザインにしていきましょう。基本的にどんなものを載せても構いませんし、ヘッダー画像に文字入れしてもOKです。注意点としては、アイコン画像が表示される部分にデザインが重ならないようにすること、右下にある「フォローする」ボタンを押してもらえるように「follow me」などと目印を入れておくようにすることです。

　なお、私は定期的にヘッダー画像は変えるのをお勧めしています。Xを運営していくと自身のブランディングがより洗練されていくため、適切な画像に変える場合もあります。その際はあまり深く考えず"今の自分にフィットする"ものに更新していきましょう。

ヨガをやっていること、女性らしさ、自分のビジョンが伝わるヘッダー画像。

"釜爺ツイスト"のバズり後に変更した現在のヘッダー画像。アイコンやヘッダー画像は半年程度で更新している。

ちなみに私はしげ｜超サラリーマンさんにAIアイコンを作成してい
ただきました。無料でAIアイコンをプレゼントされているので、気に
なる方はチェックしてみてくださいね。

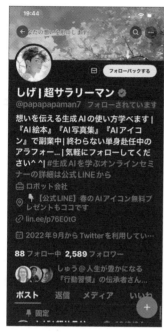

公式LINEの登録でAI
アイコンを無料でプ
レゼントしている。
導線設計としても参
考にしたい例。

プロフィール文の書き方

この節では、ご自身を表現するプロフィール文の書き方について説明します。

王道のプロフィールの書き方

Xでは、ヘッダー画像の下に現れる文章をプロフィール文と呼んでいます。ここは最大160文字でご自身のことを伝えるとても重要な部分です。プロフィールの書き方で一番良くないのは、「スカスカの文章にしておくこと」です。

「こんにちは！ Xを始めました。よろしくね」という定型文のような文章を書いている人がたまにいますがこれではもったいないです。

160文字フルまで使って、ご自身の魅力をアピールしましょう。

次に良くないのは、「○○認定講師」や「▪▪検定1級保持者」など国家資格ではない民間の資格を並べてしまい、結局なんの専門家なのかわからないプロフィールです。国家資格でない資格を書くのは控えるようにしましょう。

それよりも、「デザイナー歴○年」「フリーライター○年」など、何をしてきた人なのか？ 何を教えてくれる人なのか？ を伝えるほうが効果的です。

では、いったい何を書いたら良いのでしょうか。プロフィール文の書き方にも、王道と言われる書き方があります。

それは、

①何を発信しているか

②あなたのキャリア

③あなたの実績

④メッセージ

　の4つです。

　1つ目は、このアカウントが何を発信しているアカウントであるかを分かりやすく一言で表しましょう。コンセプトが長いと伝わりにくくなりますので、短く簡潔に書きましょう。

　2つ目は、あなたのキャリアです。何をしてきた人で、なぜその領域を語る資格があるのかを伝えることが必要です。

　3つ目は、あなたの実績です。ここには数字が入るとより分かりやすくなります。「指導実績1000人」「〇か月でフォロワー〇万人達成」など、数字で表すことができる実績は、権威性や信頼感に繋がります。数字は、とてもインパクトがあるので必ずと言っていいほど入れてください。

　4つ目はメッセージです。「気軽にいいね＆リプください」「固定ツイートで無料プレゼント中」など、見てくれた人に伝えたいメッセージを書きましょう。

　キャンペーンをされる方は、毎月ごとに変えています。もし提供できるコンテンツ等があるなら出し惜しみせず出していきましょう。以上4つが基本形になります。ほかにもさまざまな記載の仕方がありますが、まずはこちらを型として書いてみていただければと思います。

プロフィール文の事例解説

　では実際に私のプロフィールにはどんなことが書いてあるのか、解説していきます。

　一行目の「"ヨガギネス"世界記録達成開脚の女王」でなにをやって

いる人か？　が一目で分かるようにしています。"ギネス保持"という
キャッチーな権威性の部分が最初に目につくかと思います。

　次に、「『子供と出来る！面白い！』"1分体操"を毎朝6時にお届け」
の部分で、誰にとって有益なのかを表現しています。時間がない、忙
しい、子育て世代のパパママに向けているということと、簡単な体操
であるということを表しています。
　ターゲットを「子育て世代のパパママ」などど限定すると、範囲が
狭まってしまうのではと思う方もいるかもしれませんが、こうするこ
とで、「時間がないけど簡単に身体を動かしたい」と思っている別の層
の方にも響きやすくなるのです。

　そして、「【毎朝6時にお届け】」ここで、フォローして頂く意味づけ
をしています。
「明日のポストを見逃さないようにしよう！」と思って「フォローし
ておこう」に繋げる役割をしています。

「ヨガ・瞑想歴20年.指導人数延べ10,000人超」「SNS総フォロワー26
万人」の部分は専門性・権威性を表し、「アパレル創業」の部分は、ヨ
ガの専門家でありながらも実業家であるということを表現し、他との
差別化にもなっていると思います。
「【集客迷子の為のマインドコーチング、ブランディングが得意】」と
いう部分で、
　無形の商品も販売しているコンサル、コーチングをしていることを
伝えてリンク先への誘導にも繋げています。

　そして、【Xの専門書.商業出版決定.5月末】こちら最後に本の宣伝も
入れました（笑）。お知らせしたいことがあれば入れるのも良いでしょ
う。

なお、プロフィールは、違和感を感じたり、これは伝えたいと思ったりしたら、何度も書き直しています。

　例えば、リプライで「子供と一緒にあゆみかん1分体操やってます」とコメントを頂くようになったのがきっかけで、プロフィールに「子供と出来る！面白い！」を付け足しました。このように、フォロワーさんから求められるものをアップデートしてプロフィールを七変化させても良いと思います。

月に一回のペースで
プロフィールは見直
しています。

　その他にも、次のお二人のプロフィールのつくり方が参考になると思いますのでチェックしてみてください。

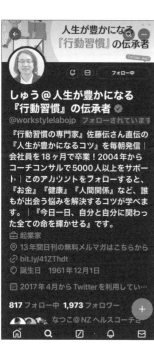

しゅうさん：専門分野と、数字での実績を明示し、メルマガに誘導している。

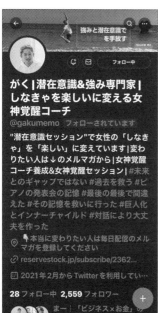

がくさん：毎日の投稿で、一番大事な部分を「プロフに書いています」とすることでプロフィールへの誘導を行っている。

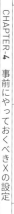

固定投稿を作る

この節では、プロフィールと同時に目に入る「固定投稿」にどのような内容を書けば良いのか、お伝えします。

固定投稿の役割

　固定投稿は、自分のプロフィールページの上部に、常に表示されているポストのことで、一番目立つ位置に「固定」することができる機能のことです。固定投稿は、アカウントの運用にも大きく貢献してくれます。

　過去に自分が投稿したポストの中から、一点だけ選んで設定することができ、最新のポストより上に表示されます。自身のプロフィールページに訪れたユーザーがまずそのポストを見ることとなり、ユーザーの第一印象を決める大きな情報のひとつになります。

固定しておくとよいポスト

　では、どのようなポストを固定しておくのがよいのでしょうか。活用の仕方の例を挙げると、①一番見てもらいたいポスト②短期間で注目を集めたいポスト③多媒体への誘導などです。

　一つ目の①一番見てもらいたいポストは、自分の投稿の中でバズったものや、自分の核となる想いが込められたようなポストです。

　文章を書くことを仕事にしている作家の「あらさーちゃん」さんは、固定ポストへ常に流入するような文章で、読み手をファン化させることに成功しています。Xの運用代行を40社ほど行っていて、この固定ポストはかなりの熱量を込めて作ったそうです。

専門性や、文章に対するこだわりが表れた固定ポスト。

二つ目の②短期間で注目を集めたいポストは、イベントの告知や、期間限定のプレゼント企画などです。固定されていれば、ユーザーが過去のポストを遡らなくても目にしてもらうことができます。さらに、固定ツイートは外したり、新しいものに変更したりと自由に編集することができるので、期限があるものを固定しても問題ありません。むしろ、期限があるものだからこそ短期間でインプレッション数（広告の表示回数）を伸ばしたいときに活用することができます。

③の多媒体への誘導をする場合もあります。例えばご自身が物販サイトなどを運営していて、そのサイトをお知らせしたい場合、もしくはご自身のホームページに誘導したい場合などは、固定投稿にしておいてもいいと思います。

大切なのは、固定投稿も定期的に見直して、反応のいいポストにしていくことです。

ハイライト機能も活用しよう

　固定投稿についてお伝えしましたが、もう一つご自身のことを表現するのにハイライト機能というものもあります。あまり使っていない方も多いと思いますが、「ハイライト」は自分の投稿したポストの中でもよく見てもらいたいポストを、プロフィール欄の「ハイライト」タブに選択することによって、ポートフォリオのようにまとめておくことができるのです。固定投稿は一つだけしか選択できませんが、ハイライトには複数枚選択することができます。

　プロフィールに訪れたユーザーに「これさえ見てもらえれば私の魅力が伝わる」と思うポストを選んで、ハイライトにしておきましょう。

P
Plan

CHAPTER-
5

Xを
運用するための
目標設定

D
Do

A
Action

C
Check

目標設定をすることの重要性

これからXのアカウントを運用していこうとするとき、最も大切なのは目標を設定することです。

ホップステップでジャンプしよう

　Xを伸ばしていきたいと思ったとき、いきなりフォロワー1万人超えのようなビッグアカウントを目指して発信内容を真似しても、なかなかすぐに欲しい結果を得るのは難しいかもしれません。

　何事も、着実にゴールを目指すためにはホップ、ステップ、ジャンプが大事と言われます。Xを伸ばしていく際も同様に、段階的に目標を定めていきましょう。

　あなたなら、Xをビジネスで活用するための目標として、まず何を定めますか？いろいろな指標があると思いますが、一番分かりやすいのはフォロワー数ではないでしょうか。

　お伝えしたように、Xの国内ユーザーの中で「フォロワー1,000人」を超えている人は全体の上位20%。さらに2,000人を超えている人は上位6%、3,000人を超えている人は上位3%と言われます。そう聞くと尻込みしてしまうかもしれませんが、自分の登ろうとしている山が、いかに高い山であるかを知ることも、大切な一歩になります。ここで「上位20%なんて無理そう……」と諦めてしまうのだけはちょっと待ってください！

　1章でもお伝えしたように、Xはフラットな世界です。フォロワー3,000人のアカウントも、1万人越えのインフルエンサーも、私も、Xのアカウントを作った時はフォロワー0人からスタートしています。そこから、コツコツと楽しみながら、少しは戦術も使いながら、まる

で冒険を楽しむように一歩一歩、歩みを進めてきたのです。

「フォロワー1,000人以上のXアカウントは上位20%」。なぜそんな狭き門になるのかというと、「最初が一番大変だから」です。

　私がアカウントを始めた頃を思い出してみても、ポストは誰にも見てもらえない、いいねもつかない。インプレッションも伸びない、の3ないづくし……。

　だからこそ、8割もの人がそもそもXを続けられないのですよね。ですが、この事実を知ったあなたは大丈夫。どうか安心してください。「Xとはそういうものなのだ」と理解し、はじめからいきなりバズるなんてことは期待せず取り組めるからです。

　むしろ「誰にも見られてないうちに、ポストの練習をしておこう」くらいの気持ちで、とにかくXに触れてみましょう。そして毎日ポストする、積極的に他のアカウントにリアクションしに行く、仲間を見つける、それらを継続する習慣を作る、という点を頭において取り組んでみてください。本当にコツコツ、地道な作業の積み重ねです。

　そうしてフォロワー1,000人を超えたなら、おめでとうございます！

　あなたは「上位20%の人」です。X上で初めてあなたを見かけた人は「ちょっとすごい人」として見てくれるはずです。

　あくまで目標は高く持ち、でも目先のことに一喜一憂するのではなく、一段ずつ着実に登っていくことが大切です。そのためにも、段階的な目標と、そのフェーズごとにどのような発信をしていくかを決めていきましょう。

それぞれのフェーズの闘い方

　前項で、フォロワーさん獲得についての指針をお伝えいたしましたが、私はよく1,000人・3,000人・5,000人に到達したときにそれぞれ投稿内容を変えていきましょう、とアドバイスしております。ではどん

なことをするべきなのか、まとめてみました。

フォロワー 1,000人

　他のユーザーへのフォローや「いいね」のアクションよりも、自分自身のポストの発信内容に力を入れていきましょう。

　この時点である程度の注目は集められるようになっていますので、ポストの拡散性は高まってきています。もし1日に1回のポストをしているなら、それを2回、3回に増やしていくなどして、"インフルエンス"力を着実に獲得していきましょう。

　ポストする内容は、自分の発信ジャンルに合った有益な情報に限定することがポイントです。自分の発信に興味・関心を持ち、将来的にバックエンド商品の購入まで期待できるような「コアなフォロワー」をグッと集めましょう。

▼

フォロワー 3,000人

「自分はこれだ！」と思えるような方向性を見つけられるはずです。このあたりから、発想や発信内容をマス（大衆）向けに広げていきましょう。共感を持たれるような日常生活での気づき、自分の専門分野での有益な情報を惜しみなく発信しましょう。興味を持ってくれる層も幅広くなり、より反応がとれやすくなります。

▼

フォロワー 5,000人

　ブランディングの要素も考えていきましょう。特に「自分はフォロワーからどのように見られたいか、認識されたいか」という点を軸にし、発信内容をその軸にできるだけ寄せていくことが重要です。例えば、アカデミックなアカウントとして認識されたいなら学術的な発信、高級感があるアカウントなら相応の持ち物やインテリアの画像などの発信が有効でしょう。「普通の主婦なのに、Xで人気の人」と捉えてもらいたければ、ブランディングには「普通の主婦」らしい発信をすると興味を持ってもらいやすくなります。また、5,000人を超えて知名度が上がってくると、人気アカウントとのコラボレーション企画なども通りやすくなります。ポストの拡散を加速させるために、いろいろな発信者と交流してみるのもおすすめです。

Xに限ったことではありませんが、SNSにおいてフォロワー数が少な
いアカウントはなかなか日の目を浴びることができません。ただその
一方で、数字が伸びると一気に多くのユーザーの目にとまるようにな
り、興味を持ち始める人が増えてくることも事実です。

とはいえ大切なのはフォロワーだけじゃない

　かつては「フォロワー数こそがインフルエンサーの価値」とされて
きた時代もありました。しかし現在は、アルゴリズムの変化と共にそ
の考え方も変わってきています。必ずしも「フォロワー数が多い」＝
「投稿を届けられる人が多い」ではなくなってきているのです。

　AIのおすすめ表示の発達や様々な機能の登場により、投稿はフォロ
ワー以外にも表示される機会が多くなったほか、一つ一つのポストの
内容自体も重視されるようになりました。

　どんな内容なら、見ている人に刺さるのだろうと悩む方もいらっし
ゃることでしょう。内容の有益性などを可視化する手段のひとつとし
て活用できるのが、旧Twitter時代の2022年末ごろから投稿者以外のユ
ーザーにも表示されるようになったインプレッション数です。インプ
レッション数とは、自分のポストが他のユーザーのタイムラインに表
示された回数で、どれだけの人に拡散されているかがわかる数字です。

　Xは、ポストに対する「いいね」やリポスト、クリックなど具体的
な反応（エンゲージメント数）が多いほど、ユーザのタイムラインに
表示される特徴があります。そのため、インプレッション数が多いポ
ストは、見ている人に何らかのインパクトを与えていると考えられま
す。もちろん「有益な情報だ」「面白い」などポジティブな印象だけで
なく、「これは腹が立つ」などネガティブな印象も含まれますが、どれ
だけの人に情報を届けられたのか知ることは、発信内容の方向性が合
っているか確認する上でも役立ちます。

　インプレッション数が表示されるようになり、アカウントに対する

見方は大きく変わったと感じています。例えば、フォロワー10万人で1ポストのインプレッション数が1,000のアカウントよりも、フォロワー5,000人で1ポストのインプレッション数が2,000のアカウントの方が、より有益な情報を発信している印象を持ちますよね。実際、後者のポストの方がフォロワーは少ないにも関わらず、多くの人の目に触れているということになります。

とはいえ、やはり世間からの客観的な実績として目につきやすくわかりやすいのは、フォロワー数です。私も「SNS総フォロワー数26万人」ということは自分の強みとして、いろいろな場所でアピールしています。

フォロワー数、そしてインプレッション数は、Xを運用してく上で、自分にとっても客観的にも1つの重要な指標となります。あまり数字に追われすぎるのは疲れてしまうので、「今月は○人増加を目指そう」「発信内容を改善してインプレッション数を少し上げてみよう」など、無理のない小さな目標をこまめに立てて段階的にクリアしながら楽しんで進めてみてくださいね。

コツコツ積み重ねることが大切

5

SECTION
02

運用はとにかく「継続」が命。本節では、運用初期のアカウントをどのように育てていけばよいかについて解説します。

毎日投稿する

　Xを伸ばしていきたいのなら、毎日投稿することから始めましょう。とはいえ、いきなり画像や動画に工夫を凝らしたり、長文のロング投稿を始めたりする必要はありません。たった140文字の文章でよいのです。とにかく難しく考えずに、まずは毎日の投稿を楽しんで習慣にしていってください。

　そして、自分のポストだけでなく、同じジャンルのアカウントはどんなポストをしているのか？　どんなポストがバズっているのか？　自分のタイムラインに表示されるおすすめポストはどんな内容か？　他のポストにどんなリプライがついているか？　など、Xを見て回り、Xの空気感を吸収してください。

　Xの専門書でこのようなことを言うのも何ですが、ノウハウはネット上、SNS上も含めて巷に山ほど転がっています。しかしその中でも、自分自身で吸収して体感したものが一番です。

　毎日の投稿を習慣化させるには、投稿時間を決めておくのが有効です。「1日1回はポストしよう」と思っているのと、「毎日〇時にポストしよう」と思っているのとでは、より具体的な後者の方が実践しやすいです。

積極的にリアクションしに行く

　毎日の投稿とセットで行ってほしいのが、他のユーザーへのリアクションです。少しでも共感したポストには「いいね」を押したり、自分と同時期に始めた仲間、自分よりフォロワーが多い人のポストには積極的にリプライをしに行ってください。「いいね」やリプライはされた方も嬉しいものです。定期的に行っていると、おそらくあなたのポストに対しても何らかのリアクションをしてもらえるようになり、良い波紋が広がっていきます。何かしてもらったことは、相手にも返したくなりますよね。これは人間の心理です。そしてこれが、Xの仲間を増やし、自分のポストを拡散していくことに繋がるのです。

　特に、フォロワー数の多いアカウントを持った人と関係性ができると、その人が自分のポストにリプライしてくれたり、リポストや引用をしてくれたりすることで、自分のポストが広範囲に拡散される可能性があります。一気に露出を広げられるチャンスとなるので、ぜひ意識してみてください。

　これも旧Twitter時代にしきりに使われていて、当時は「巨人の肩に乗る」などと言われ最も早くアカウントを伸ばす方法として知られていましたが、アルゴリズムが変化した今でもまだまだ有効だと思います。

拾われやすい、よいリプライとは？

　2章でリプライやリプライに対する返信がついたポストは、アルゴリズムに高く評価されるとお伝えしました。では、どんなリプライをすると、良いリアクションが返ってきたり、引用されたりすると思いますか？　それはズバリ「相手が喜ぶ言葉」を使うことです。誰しも、気分が良くなる言葉をかけてくれる人には好意的になれますからね。

　みなさんもきっとそうだと思いますが、ポストを投稿する際は無意

識的にでも「こんなリアクションをもらえたら嬉しいな」といったことを少なからず想定しているものです。リプライするときは、投稿主がどんな反応をされると嬉しくなったり、返信や引用をしたくなったりするのか。また、どんなリプライをするとその人にとってメリットになるのか、といった視点を持ってみましょう。他の人のリプライや、よく引用されているコメントを研究してみるのも一案です。

　といっても難しく考える必要はありません。「そのパフェおいしそうですね」「とても素敵です」など、肯定するようなコメントを意識すればいいだけです。これだけで相手はうれしいな、投稿してよかったなと思うはずです。

　相手の気持ちを想像しながら行動する。これは、単にXで自分のフォロワーや拡散を増やしていくだけでなく、ビジネス全般に必要な考え方であることは説明するまでもありませんね。日々、目の前の人を喜ばせる、良い気持ちにさせる訓練だと思って取り組めば、きっとあなた自身にとっても役立つスキルとして身に付くはずです。

「1,000人の壁」を越えるまで（経験談）

5
SECTION
03

今ではXで1.5万人の方にフォローしていただいている私ですが、段階的に行ってきた戦略があります。フォロワー1,000人に到達するまでの体験談をお伝えします。

別SNSでの繋がりも有効活用

　何度もお伝えしているように、Xを始めた時は誰しもフォロワー0人で、私も例外なくそうでした。

　その時既にYouTubeやInstagramもやっていましたが「Xを伸ばしていきたい」と決めたときには、まず「土台のフォロワーの数がないと何も始まらない」と思い、自分の武器でもある、リアルな人との繋がりからXのフォロワーをじわじわと増やしていきました。

　最も影響が大きかったのは、当時リリースされたばかりだった音声配信のSNS「clubhouse（クラブハウス）」です。リリース直後の盛り上がりもあって沢山の方のルームにゲストで呼んでいただき、それが好評でまた別の方にも呼んでいただき……と、ただただ全力でお喋りを楽しんでいたのですが、ここでの出会いがいろいろな繋がりに発展しました。今でも仲良くさせていただいている起業家の方々には、clubhouseが出会いのきっかけだった方も多いです。そして当時は、clubhouseのアカウントに別のSNSのリンクを貼れる仕様になっていたので、clubhouseからXもフォローしていただく流れができていました。

　「Xだけで伸ばしたんじゃないんかい」「それマネできないやん」と思われた方、すみません！　でも本当のことなので正直にお伝えしました。もちろんコツコツの積み重ねもきちんとやってきましたので、次

からお話ししていきますね。

学んだ事をとにかく実践した

　Xのアカウントを伸ばすための塾で学んだ事は、何でも実際に試してみました。「毎日投稿」と教えられていたので、毎日どころか1日何度もポストしていました。「とにかく価値提供することが大事」と教えられれば、私のキャリアを総動員して専門性の高い価値のある投稿作りに励んだ時もありました。「TTM（徹底的に真似る）が大切」と聞き、上手くいっている型を使った投稿を毎日毎日練習しましたし、「不安をあおる投稿が伸びやすい」と習えば、そういった投稿ばかりをしていた時期もありました。

「巨人の肩に乗る」戦法も、初期のころは本当にコツコツ頑張っていました。どうやったらあの大きなアカウントに引用してもらえるか、どんなリプライをしたら存在を認識してもらえて自分をフォローしたり返信がもらえたりするだろうかと考え、毎朝決めた時間に、自分の決めたアカウントリストに対して数十件のリプライめぐりをしていました。

　その結果、確かに数字は伸びていきました。しかしその中で、不安を煽った投稿を繰り返してフォロワーが増えることに違和感を覚えたり、巨人の肩に乗ろうとしてもなかなか乗れなくてもどかしい思いを沢山したり。自分が影響力のあるカウントに媚びまくっているような気がして、ストレスを感じることもありました。

　そんな葛藤や思いも抱えつつ、毎日の投稿に励んでいたらフォロワーは1,500人ほどに増えていきました。

5 フォロワー3,000人を超えてからの変化

SECTION 04

フォロワー3,000人付近になったころ、私にとって1つの転機が起こりました。「私らしい発信とは何か?」ということが少しずつ見えてきたのです。

自分らしいコンテンツが生まれた

　今でこそ「1分体操の人」として多くの方に知っていただいていますが、私の「あゆみかん1分体操」の誕生にはビハインドストーリーがあります。

　私が、ヨガをメディアにアプローチしたいと悩んでいた時のこと。あの欽ちゃんのプロデュースをしていた放送作家歴49年の鶴間政行先生にこう言われたのです。「簡単な体操じゃないとみんなやりたくならないよ。もっと簡単な運動にしてください」と。

　まさに目からウロコのお話でした。「そうか、ヨガって一般的な運動じゃないんだ」とハッと気づいたのです。ヨガの世界に20年どっぷり浸かってきた私は、周りの人や見る情報もヨガ関連ばかり。日常に当たり前のようにヨガがあります。ですがそれでは大衆心理からはかけ離れる一方。もっとみんなが取り組みやすいものを……!　1分体操は、そうした発想から生まれました。

　頭に🍊をつけるのは、タイでアイドルをしていた娘から「ママ、全くインパクトないよ!　覚えられないから何かを頭につけて!」と言われたことがきっかけでした。何かないかと探していたところ、見つけたのが🍊のカチューシャと羊毛作家さんのみかん。

　別にりんごでも良かったのですが（笑）、みかん🍊になったのは

clubhouseの"たかりん先生"の夢カフェでお話しをしていた時、先生から「あゆみだから"み"と掛け合わせてみかんがいいね！」とアドバイスをいただいたから。もう一つは、私が大のみかん好きだからです。みかんは美味しいですし、子どもの頃、家族一緒にこたつでみかんを食べて笑い合っていた温かい団らんの時間を思い出すのです。それに「こたつにみかん」の文化は、おそらく日本特有で海外にはないものですよね。みかんをきっかけに海外に活動を広げられたら……なんて妄想大好きな私は思いを巡らせています（笑）。

　こうして「あゆみかん🍊1分体操」は生まれたわけですが、「世界を平和にする人」とキャッチコピーをつけてくださったのは、横山なおさんです。あるとき横山さんに「私は世界を平和にしたいとは思っているけど、私はいつも平和で幸せなんです。だから、それを広げたい。私が平和の源になりたい」そうお伝えしたら、「じゃあ、世界を平和にする人と名乗ったらいいじゃん」とつけてくださいました。因みにご本人は、覚えていないそうですが（笑）、私の発信したいコンテンツの方向性が確固たるものになった瞬間でした。

萩本企画、放送作家49年目。『欽ちゃん＆香取慎吾の全日本仮装大賞』を手がける先生に認めていただきました。

　頭にみかんつけてやるならコミカルな方がいいはずと考え、「あゆみかん1分体操」は美しいヨガポーズではなく「見たい！」「すぐこの体操やりたい！」「面白い！」と思ってもらえるもの、より簡単により楽しくチャレンジしてもらえるものを意識しています。人気のエクササイズ「釜爺ツイスト」は、そんな想いがどんどん広がって世界がもっと平和になるようにという願いを込めて発信しています。実は、商標登録を取ろうとしましたが、釜爺はジブリの専売特許でダメでした。当たり前か（笑）！　「あゆみかん1分体操」もジブリくらい認知されるように頑張るぞ！

アイコンを変えて、会社の理念をプロフに書いた

　私には、いくつもの肩書きがあります。手がけている事業も多岐に渡り、海外在住14年、ヨガ20年、アパレル7年、投資家歴20年。山岳

民族の支援やチャネリング、引き寄せにまつわること、コーチング、コンサルなどにも携わっていますが、どれも真ん中にある軸は共通しています。

ありのままで
自分らしく
美しく
輝く

　そんな女性を増やしたい。これが私の軸となっている考えです。
　なぜなら、そんな女性が増えればさらに世界が平和に明るくなるから。軽やかに生きる人が増えるから。そして、争いも執着もなくなり生き生きと人生を楽しむ人が増えると思うからです。

　そのためには、運動して運を動かすことが大切。この地球は行動の星なので、何事も動かないと始まらないのです。
　結局フィジカルのボディーが健康でないと、引き寄せも、輝くことも、ありのままで生きることもできない。健康な体は、1分体操から！
　とにかく1分動こうよ！　「あゆみかん1分体操」には、そんな思いを込めています。

　今のXのプロフィールは、そんな自分の思いを突き詰めながら何度も何度も書き直して、その後もしっくりこないと感じたらまた書き直して……その末にたどり着いたものです。

　このようにフォロワー3,000人を超えたころは、とにかく「私が伝えていきたいことは何か」「どんな世界を作っていきたいのか」「発信は信念にもとづいていることなのか」を、繰り返し考えていました。
　最終的に自分の会社の理念をプロフィールに落とし込んだことで「こ

れが私です」と発表できたようで、それが自分自身の自覚、自信にも
なり、一段階ギアが変わった感覚があります。

　あなたも肩書きやプロフィールを作る際は、ぜひご自身がしっくり
と感じるまで何度も言語化してみてください。

なぜやるの？
なぜそう思うの？
どんな世界にしたいの？
何ができるの？

　この質問の答えを書き出してみてください。私は、今のプロフィー
ルやキャッチコピーを決めるまで、いっぱい学んで、いっぱい質問し
て、いっぱい書き出して、コーチングも受けました。そしてやっとパ
ズルがピタッとハマったのです。

「売れたいから」「集客したいから」だけでXを運用するのは、ちょっ
ともったいないかもしれません。Xを通じて、「自分は何者なのか？」
を本気で見つけてみるのも宝探しのようで楽しいと思いますよ
　私は「あゆみかん　1分体操で世界に幸せを広める人」という今の
自分をめちゃくちゃ気に入っています。次の何かが来るまでは、ずっ
とこのままでいたい。そう思っています。

これで生きると決まった時、覚悟が決まった

　私は、若い頃バックパッカーとなり、自分探しをしていました。8
ヶ月間放浪し、何者かになりたくて、でも何者にもなれなくて、イン
ドまで辿りつきました。ガンジス川のほとりで瞑想するヨガ行者を1
カ月間毎日見て、悟りました。

「悟り」とは差をとることです。自分か何者かを知ること、そして自分が何者でもないことを知ることです。少し大げさですが、私はヨガがあったからこそ今まで生きてこられたと思っています。だから「みんなにこの素晴らしさを伝えたい！」と突っ走ってきました。

　その後、タイで「メディテーションブリージングヨガ」というヨガ指導者の育成スクールを経営しましたが、「ヨガを広めるよう」と必死になっていたときは何となく難しさを感じていました。おそらくエゴが働いていたのかもしれません。Xでも同じで、SNSを通じてヨガを発信することに壁を感じていました。

　ヨガについて誰が発信しても良いのかもしれない。しかしだからと言って、聖者でもない私が偉そうに言っていいのだろうか？　そもそも聖者が言ってきたことは現代に湾曲されて伝えられていないだろうか？　いろいろな考えが巡りました。

　ヨガは、修行からスタートしたものです。そのため「みなさんに軽やかな人生を送ってほしい」という私の発信軸とは少し違和感があったのです。まさに瞑想ではなく、迷走。今でこそSNSの総フォロワーは26万人もいますが、当時は迷いながら、葛藤しながらSNSと向き合っていました。

　そして、ようやく生き方や志が、固まりました。

ヨガじゃなくてもいいじゃん。
生きることそのものがヨガなら何でもいいじゃない？
ありのままで生きることがそもそもヨガじゃない？

　何度も何度も頭が真っ白になって、気づきのアウェイネスが訪れましたが、とにかく「私の生き方がコンテンツである」という考えにた

どり着いたのです。その時「たった一度の人生、自分らしく生きよう」と決めました。

「自分らしさ」は、私もあなたもすでに持っています。そのすでにあるものを、SNS劇場の中で、どう表現していくのか考えてみましょう
　もし、集客やお金を稼ぎをしたいならおそらくパワーで誰でもいけます。ただそれであなたが自分らしさをなくしてしまうとしたら、それは価値のあることでしょうか？

　この答えは、私とあなたとの問いにしたいと思います。答えが見つかるまで、私は毎朝6:00に1分体操をポストします。

　あなたは、Xで何をしますか？

　今の想いをぜひXにて発信してくださいね。私の名前（@ayumi channelok）をメンションしてくださったら、見に行ってコメントします。

5

フォロワー5,000人からの伸ばし方

フォロワー5,000人からは、どんどん加速がついていきます。これまで積み上げてきた実力も相まって、奇跡のようなことも引き寄せていきます。

5,000人達成後、4投稿がバズって1万人に

5,000人を超えてからのスピードは加速が何倍にもなったような体感でした。私がXで初めて"バズり"を経験したのが、何度か紹介してきた「釜爺ツイスト」のポストの時でした。

その反応があまりにも良く、沢山の方にリポストされてアメリカの情報雑誌やメディアで紹介される経験もしました。多くの方がリプライしてくれるのをみて、「釜爺ツイスト」の続編のような投稿を続けていきました。主に上半身がメインだった「釜爺ツイスト」の次は、下半身の動きを取り入れた「釜爺エクササイズ」、そして全身運動の「釜爺ウォーキング」へと展開していったのです。

反応の良かった投稿は、少し形を変えて横展開していく。これはマーケティングの基本です。私は、アパレルブランド「Aon Jasmine」を7年続けていますが、デザイン決め、商品決め、作成にいたるまでその意識を持って行っており、入荷する製品は数も、カラーも、サイズも毎回同じではなく、顧客の反応を見ながら細かくPDCAを回して決めています。こうした他事業での学びが、Xを運用する上でも自然と役に立ちました。

とはいえ、PDCAを回しながら「これ！ イケる！」という自分の勝ちパターンを見つけるまでが本当に大変な道のりであることは、身をもって経験しています。

私はダイエットアカウントですが、みなさんのアカウントにも取り

121

入れられるところがあれば、ぜひ私の型をTTM（徹底的に真似るの略）
してくださいね。同じ型の文章構成、動画も参考になったら嬉しいで
す。

手と足を激しく動かす釜爺ウ
ォーキング。

釜爺ツイストを詳しく解説し
たバージョン。

　釜爺シリーズの勢いがついた後、ヨガ指導歴18年の中で「産後のお
悩みのNo.1」である「女性の骨盤底筋の弱体化」についてのポストが

バズりました。経験がある女性は多いかもしれませんが、産後や加齢などで骨盤底筋が弱ってくるとくしゃみの弾みなどで尿もれ、頻尿が起こりやすくなります。そうした「おおっぴらに相談できないからこっそり解決したい」悩みを持った方のニーズに、ポストがマッチしたのだと思います。

あなたが悩んでいることは、画面の向こうにいる誰かも悩んでいる可能性が高いのです。リアルでは聞きづらいことを、画面を通してそっと教えてあげられる。Xには、そんな優しい世界もあります。

体のお悩みがある人は、ぜひ「あゆみかん1分体操」をフォローしてくださいね。そして、人には言えないお悩みはこっそりDMで教えてください。お悩みを解決する1分体操をポストしますね！

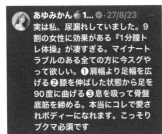

実は私、と打ち明けるようにリアルで話しづらい内容を伝えるポスト。

結論、自分だから発信できるジャンル、コンテンツで「これだ！」と思えるまでPDCAを回して、勝ちパターンを見つけたら横展開。そこからグングン拡大していきましょう。あなたの発信軸からブレずに進み続ければ、必ずや突き抜けます。ビューンと！

80日で1万フォロワーを獲得したある日のポスト

私の"初バズり"の「釜爺ツイスト」がどのように生まれたのか、もう少しお話しさせてください。

当時タイに住んでいた私は、ある日、深夜3:00過ぎに暑さで目が覚

めました。このまま寝ようか？　どうしようか？　迷いながら、ふと日本時間が気になりました。タイとマイナス2時間の時差がある日本では、朝の5:00を迎えています。「それなら、長文の投稿でもしようかな」と思い立った私は、1杯のカフェラテを飲みながらポストの作成を始めました。

　それまで私は、Xのポストに動画を入れたことはありませんでした。コンサルをお願いしている方からは「あゆみさんは、動画がいいよ！」「今まで撮ってきた動画を、ぜひ載せてください」とアドバイスをいただいていたのです。自分でも気になってはいたのですが、Xでエクササイズや運動系の動画を見たことがなかったこともあり「本当にいけるのかな!?」と半信半疑でチャレンジしてたことはありませんでした。今思い貸してみると、本当は「私が動画なんて……」と自信がなかったのかもしれません。

　ですが、その日は寝起きの頭で何となく、「今日は、ヨガ系の動画を載せてみようかな！」とヒラメキました。すぐカメラロールを検索して目に止まったのは、私が鼻歌を歌いながら奇妙な動きをする動画です。「よし、これにしよう！」そう思って、あらためて動画を見ると、Aon Jasmineの黒のニットのセットアップに身を包み、両肩、両手を左右に広げながらスクワットをする私。「これはどこかで見たことがある……そうだ、千と千尋の釜爺だ！　これは釜爺ツイストだ！」そんな風に一瞬でネーミングを思いつきました。

　動画はただ添付しただけではなく、工夫しました。長さを短めにし、早送りに。また「隠されているともっと見たくなる」という人間のサガを考え、あえて顔は隠しました。神秘的な雰囲気を出すことも狙ったものです。文章構成も実は緻密に計算していました。

ポストした後、私は二度寝……（笑）。次に起きた時、目を疑いました！

「むむむ？　めっちゃバズってますやん！」Xを開くたびに「いいね」やリポストが増え続ける。そんな状態が、3、4日ずっと続いていました。最終的にこの「釜爺ツイスト」のポストによって、80日間でフォロワーは1万人に到達したのです。

　不思議なものですね。奇跡は、いつも瞬発的にやってきます。数カ月、自分はどんな発信をすればいいのだろう、動画はどうなのだろうと悶々としていたのに、突然目の前の霧が晴れた感覚でした。「は動画でいく！　1分体操でいく！」と心が決まりました。

　それからは「Xの発信は、面白くて無邪気で簡単。楽で楽しい♪」そんなあゆみかんになりました。ちなみに、これはリアルな私そのものです（笑）。

18年ヨガしてわかったけど、「痩せたい女性」は1日1分でいいので、コレしてください。「足を肩幅より広く広げる」「膝を曲げてスクワットの大勢になる」「両手を大きく広げる」「片方づつ床に指先をつける」「スクワットのまま上半身をねじる」1万人以上に教えてきたけど、感動の声の連続。"そんなのウソでしょ！"って思ったら、騙されたと思って今日から1分やってみてください。

釜爺ツイストのやり方をわかりやすく誰でもできるように書きました。

　しかも実は、Xのポストがバズっただけでありませんでした。リプライ欄にYouTubeチャンネルのURLを貼ったところ、チャンネル登録者数が一気に1,000人増加したのです。今ではおかげさまで10,000人を突破!!　今年は、10万人を目指しています。

　このバズ投稿を、今自分なりに振り返ってみると、

- まだ出したことがなかった動画を載せてみようと、その日の「直感」に従ったこと
- セットアップの衣装を着た奇抜な動きの動画を選んだこと
- その動きを「釜爺ツイスト」とネーミングしたこと
- キャプションの文章を綿密に練ったこと
- 動画の見せ方を工夫したこと
- YouTubeチャンネルにリンクさせたこと

　こうした「自分のコンテンツの「エンジン」を全て投入すること」で生まれたのだと思います。

　あなたのブランディングと、実在のあなたがかけ離れることなくピッタリ合う。それを実現できるコンテンツが見つかったときが、奇跡が起きるタイミングなのかもしれません。

いわゆる「引き寄せ」はXにも起こる

　私は元々SNSが大好きで、毎日投稿は当たり前。自分のアウトプットやイベントなどの集客もSNSだけでやってきました。アパレル販売もショート動画1投稿で完売、数十万円の商品が一気に売れる経験もしています。

　その経験から思うのは、やはり「本当にみんなに伝えたい！」「これめっちゃいい！」「うおー！」といった情熱的な感情の時は、文章や動画にもそのエネルギーや波動がぷわ〜っと乗ってくるのを感じますし、「このポストは伸びそう！」と何となくわかるのです。これは、他のアカウントのポストでも同じで「わぁ〜これはエネルギーが乗っているな！」と感じるポストは、たくさんの人から注目されることが多いです。

何事もエネルギーが大切。いわゆる、引き寄せ、次元上昇、パラダイムシフトはXにもあるのです。エネルギーがよくわからない方もいらっしゃると思います。例えば、あなたの好きと強みが合わさった瞬間の、ブワーッと風が吹くような感覚。その瞬間、あなたのエネルギーが最高潮に高まっています。エネルギーを高めやすくするには、日頃から自分の「好き」と向き合った生き方を意識することも大切だと思っています。

　心理学には、現実世界は自分の心を投影していると捉える「鏡の法則」という用語があります。私は、SNSも同じだと思っています。日々の生き方、思いといったあなたの世界は、SNSにも映し出されるもの。ぜひ、エネルギーの高い幸せな世界を作っていきましょう♪

楽しくなれば、どんどんフォロワーが増えてくる

　正直、Xが本当に楽しくなってくるのは、フォロワー5,000人を超えた頃からかもしれません。Xを開くたびに、増えるフォロワーやリプライ。知り合いのアカウントも増えて、スペースに遊びに行ったり、リプライのやりとりをしたり……よくポストを見てくれる、「いいね」やコメントをくれる「常連さん」が決まってくるのも、この時期だと記憶しています。

　Xにいる人は、同志であり心の支えでもあります。ぜひ、ご縁を大切にしてください。きっと、Xの運用がもっと楽しくなるはずです。私もたくさんの仲間とX上でコミュニケーションをはかることで、いろいろなアイデアが浮かびましたし、実際、Xを飛び出したリアルな場のイベントも含め、様々な面白い企画などに取り組むことができています。辛い、大変なことばかりじゃ、X運用は続きませんし結果もついてきません。ぜひ、ポストやコミュニケーションを楽しんでくだ

さい。私もXを、ある意味「必死に」楽しんでいたら、あれよあれよと1万フォロワーを超えていた感覚があります。

　少しXのこととは離れてしまいますが、普段の生活からぜひご自身の"楽しい""好きだ"と思う感情を大切にしてみてください。そんなあなただけの"ポジティブなマインド"がフォロワーさんたちを引き寄せていくはずです。

5

フォロワー1万人を超えたら「自分らしさ」全開で

SECTION
06

フォロワー1万人のアカウントは、ほんの一握りの存在です。悩んだり迷ったりしたこともたくさんありましたが、これまでの道を振り返れば全て必要なことでした。

信念と共に楽しんで拡げていくフェーズへ

お伝えしてきたように、私にもXを始めたばかりの頃は、悩みつつ迷いつつ進めてきた時期がありました。コツコツとリプライまわりをしてるのに全然伸びない。これは本当に意味があるのだろうか。私は本当にこれがやりたいことなのかな。など、毎日悩んでいましたし、周囲から聞こえてくる「Xを伸ばすならこうするべき」という声に囚われてしまって迷走したこともありました。

しかし、沢山の方との交流を心から楽しめるようになり、こうしてXの専門書を出版する機会までいただけるようになった今、あらためて思うのは「あのコツコツ作業や悩み苦しんだ時間はやっぱり必要だった」ということです。

あの体験があったから「私は、本当に何を伝えていきたいのか」と疑問を持つことができましたし、自分自身と深く向き合えた。だからこそ、今の私があると思っています。

とはいえ、みなさんにも全く同じ経験をしてほしいとは思いませんし、する必要もありません。私とあなたは別の人間ですし、発信できるコンテンツも強みも違うからです。私がみなさんにお伝えしたいのは、ただただ楽しむ事を忘れずに、自分の軸をブラさずに突き進めば、最短ルートで目指すゴールにたどり着けるということです。

私は「あゆみかん｜1分体操で世界に平和を広げる人」です。世界平和を掲げる人はよく見かけますが、世界に平和を広げる人はなかなかいないので気に入っています。

　それに、世界平和は「世界が平和でない」ことが前提になっていますが、「世界に平和を広げる」は「すでに世界は平和である」前提であることもお気に入りポイントです。私の名前には、「すでにある平和を私から広げるぞ〜！」という意識と覚悟が入っているのです。私のポストを見た方が、運動するきっかけを得て、健康で幸せになったら嬉しい！　これからもその信念を胸に、思い切りXを楽しむことでどんどん平和を広げていきたいと思っています。

　フォロワーさんから「毎日職場で1分体操をしています」「子どもと楽しみながら続けています」、さらには「あゆみかん体操でいつも元気です」という声をいただくこともあります。まさにこれは幸せホルモンが出ている状態といっていいでしょう。

　回り道もたくさんしましたが、「あゆみかん｜1分体操で世界に幸せを広める人」になれて今心から幸せです。私の経験をお伝えすることで、たくさんのみなさんが幸せになれたら、こんなに嬉しいことはありません。

幸せホルモンでハッピー習慣

セロトニン	オキシトシン	ドーパミン
● 日光浴	● 友達と食事	● 運動をする
● 感謝日記	● 親切にする	● 瞑想をする
● リズム運動	● 音楽を聴く	● 学習する
● 瞑想をする	● 映画を観る	● 音楽を聴く
● 深呼吸する	● 6秒のハグ	● 褒めてもらう
● 自然を散歩	● スキンシップ	● タンパク質

運動は幸せホルモンを出す何よりの近道です。

5

心が折れそうなとき
乗り越えるために

SECTION
07

コツコツと積み重ねることが大事とはわかっていても、
ときには心が折れそうになることもあるでしょう。そん
な時に思い出してほしい2つのことをお伝えします。

これで行く！　と決まれば強くなれる

　言うまでもないことですが、ビジネスは利益が出て初めて成り立つ
もの。ですからただ人に喜ばれるだけでなく、きちんと利益を上げら
れることが必須です。

　そのためには「いいね」やフォロワーを増やすことはもちろん大切
です。しかし、目先の数字や日々の投稿の反応に一喜一憂していては、
心が折れてしまいそうになることもあるでしょう。そんな時、考えて
ほしいのは「自分のポストは、自分が本当に発信したいメッセージと
一致しているだろうか？」ということです。

　数字や反応を狙いすぎるあまり、自分の軸から外れた発信をする。
そのようなポストに果たしてエネルギーは乗るでしょうか？　受け取
った人は心を動かして共感してくれるでしょうか？　おそらくどちら
も答えはNOですよね。

　自分の軸との不一致を感じたら、あらためて自分の軸を明らかにし
ましょう。プロフィールを見直してみるのも効果的です。繰り返しに
なりますが、私はプロフィールの名前を「あゆみかん｜1分体操で世
界に幸せを広げる人」と決めたことで、自分のXでの方針が明確にな
り、継続するモチベーションに繋がりました。名前は、他人が自分を
認識する際の最初のキャッチコピーであり、非常に重要です。

私の混迷期を振り返ると、Xを始めて3、4カ月の頃。ヨガ哲学やダイエットの豆知識、海外移住系の投稿を迷いながらポストしていました。思うように反応もなく、不安でいっぱい。ですが、今思うとこの期間は「日陰の時期」だったのです。日陰に生えた草は、日の光が当たってスクスク育つまで何の植物かわかりません。ヒマワリかもしれないしタンポポかもしれないわけです。

　この日陰の時期は、いつか日光が降り注ぐその日まで枯れずに生き続けられるよう、自分と向き合い大切なあなたのビジネスをブラッシュアップするために必要な時期なのです。もしかしたら明日には、咲くかもしれない。だからあきらめないでほしいのです。あと少し、あと少しと思って一緒に頑張りましょう。

　実は私も今、13,000フォロワーからなかなか伸びずに再び迷っています。隣りのあの人も上手くいってそうなあの人も、みんな同じ。だから、どんな時期も楽しむことを忘れずに、いろいろテストやチャレンジをしてみましょう。PDCAを高速エンジンで回していきましょう。
　その先に見えてくる「私はこれで行く！」という軸が、X運用の原動力となるみなさんの強さに変わっていくのです。

待ってくれている人が支えに

　私には今、とてもありがたいことに、応援してくださる方、「推し」だと言ってくださる方がたくさんいらっしゃいます。お伝えしたようにXの運用で悩みもあるのですが、そんな方々の存在を思い浮かべると、止まっている暇はありません。「今度はどうやって喜んでもらおう」「こんなポストはどうだろう？」と、いつもサプライズをお届けするような気持ちで発信しています。

　同じジャンルで発信を頑張っている方と繋がれるのも、Xの楽しさ

のひとつです。中医師で鍼灸師の“よし先生”はセルフケアの発信を
されていますが、私がスワイショウという「1分体操」をポストした
時から、私を推してくださっています。同ジャンルのアカウントでも
ライバルではなく、一緒に良いことを広めていこうという同志のよう
な存在。こうした関係性は、発信を続けていく上でとても心強いもの
です。

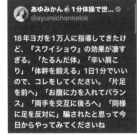

スワイショウをおすすめした
ポスト。

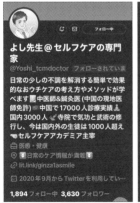
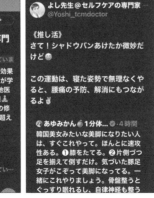

気功のよし先生がスワイショ
ウをおすすめしてから、応援
してくださっています。

　応援や共感は、本当にエネルギーになります。これからXを始めよ

うというみなさんの中には「自分を推してくれる人なんて……」と思うかもしれませんが、広い世界野中であなたの発信に興味を抱き応援してくれる人、あなたの発信を待っていてくれる人は必ず存在します。そんな方々と心を通わせ合ったり、応援し合えたり、そして一緒に頑張る仲間がこれからどんどん増えると思うと、ワクワクしてきませんか？

さまざまな方を仲間にすることで世界が広がっています。

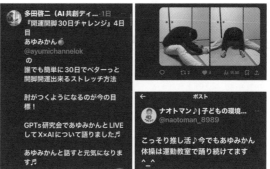

ひらめきをキャッチするには

　どうしても思うような結果が出ないとき、誰しも諦めたくなったり投げ出したくなったりするものです。そんな時は自分を責めたり、もっと頑張らなくては力みすぎたり、「こうしなければ」と何かに囚われてしまっていることが多いと思います。

　そんな風にネガティブになっている時は、楽しむことを思い出すとともに、あなたの『ひらめき力』を味方につけて欲しいのです。『ひらめき力』を身につけると人生がスルスルと上手くいくからです。

　『ひらめき力』を私なりに定義すると、一つのことを粘り強くやり続け、数々の思考の蓄積をもとに生じる一瞬のアイデアです。科学者・エジソンのように、99種類のアイデアを考えだして実行し、失敗して

もなお100回目のアイデアを思いついて成功する。そんな力が「ひらめき力」です。まさにエジソンこそPDCAの鬼ですよね!?

　では、『ひらめき力』を鍛えるにはどうしたら良いのでしょうか？

　その質問にお答えすると、起こった問題をネガティブではなく「チャンス」と捉えることです。ネガティブな感情に支配されているうちは、「ひらめき力」は発揮されません。具体的には、問題が起きたときにまず「これはどうすれば攻略できるだろう？」とゲームをするような感覚を持ってみてください。そして「こうしたら、こうなるよね」「もしこうなった場合は、こんな作戦もあるよね」となるべく具体的に思考を巡らせます。すると頭の中からネガティブな感情が消え去り、安心して解決のためのアイデアを考えることができるでしょう。

　また論理的な思考も「ひらめき力」には必要です。ひらめきのような直感と論理的な思考は真逆に感じるかもしれませんが、物事を論理的に考えられるからこそ、頭が整理されてひらめく隙間が生まれるのです。

　そのために有効な方法が、私が名づけた「箱型思考」です。やり方は、この思考はこの箱へ、この思考はこの箱へと、頭の中の全ての思考をそれぞれの箱の中にしまいます。難しければ、日記やブログをつけたり、真っ白い紙に思考を書き出しても良いと思います。

　1人で出来ない場合は、ブレスト（ブレインストーミング・brainstorming）もおすすめです。ブレストは1950年頃に誕生した会議手法で、複数のメンバーが自由に意見を出し合うことで、新たな発想を生み出したり、アイデアを昇華させたりすることを目的としています。日本では「集団発想法」と訳されることもあります。

　私は、ライブ配信などでゲストさんと対談していると、ハッとひらめいたり、悩んでいた答えが浮かんだりすることがあります。ぜひみなさんも仲間内でブレストをしてみてください。思考の壁打ちで、思

いもよらないアイデアが生まれてくるかもしれませんよ。

　もうひとつ、芸術に触れることもおすすめです。例えば、絵画を見にいったりクラシック音楽を聴きにいったりするのはどうでしょう。クラシック音楽は、緻密な計算で論理的に組み立てられているので、その構成力が脳を適度に刺激し、心を落ち着かせて自信を持たせてくれるセロトニンや、イライラした気持ちを鎮めるアセチルコリンなどの神経伝達物質の分泌を促すといわれています。コンサートにわざわざ行かなくても、部屋にクラシック音楽を流すだけで、頭がスッキリして気持ちが落ち着くので『ひらめき力』におすすめです。Xのポストを考える時に、お気に入りのクラシック音楽をかけてみてはいかがですか？　特にモーツァルトは脳波をα波にするのでおすすめです。

　第六感のひらめき力を養うには、日頃から五感を刺激して感性を磨くことも大切です。私は今、マレーシアのクアラルンプールに住んでいますが、1日に1回はお気に入りの公園に行って鳥の鳴き声を聴いたり風を感じたりしながら、瞑想や深呼吸をしています。座って瞑想しづらい方は、呼吸と共に歩く「歩行瞑想」が手頃に出来るのでおすすめです。

　ぜひ、ご紹介したことを無理のない範囲で生活に取り入れてみてください。きっと、今まで思いつかなかったような、常識や「こうしなきゃ！」に囚われない奇想天外で奇抜な面白い発想が生まれるはずです。あなたの頭の中には、あなたが思う以上にたくさんのアイデアが詰まっています。どんどん開拓して、自分の枠を広げていきたいですね。

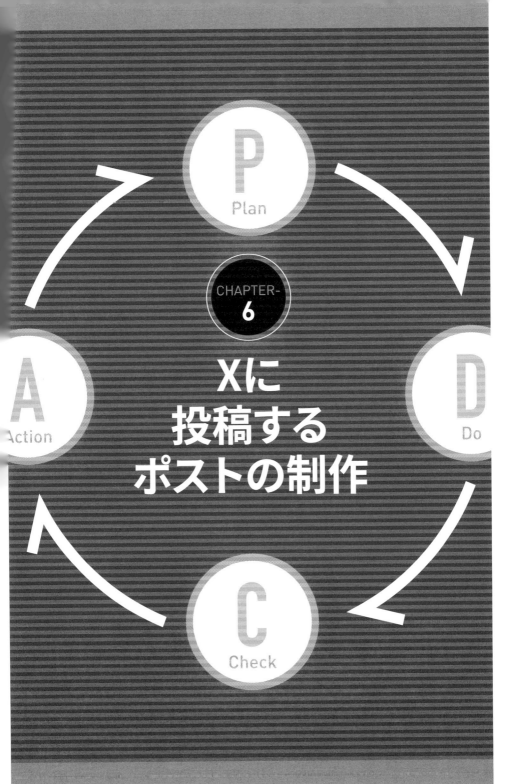

CHAPTER-
6

Xに
投稿する
ポストの制作

視点は常に「見てくれる人がどう感じるか？」

SECTION 01

Xのポスト作成にあたって、私自身も意識している大切な3つのポイントがあります。それを1つずつご紹介していきます。

投稿作成に必要な3つのポイント

　これまで、Xを中心に投稿していく中でバズったり、フォロワーさんとやり取りをしてきたりと、Xでしかできないことを経験してきましたが、改めて「いったい何が大事なんだろう？」と考えたとき、「楽しさ」と「スピード感」と「直感」の3つだということに気づきました。それぞれについて説明していきます。

　1つ目のポイントは「楽しさ」についてです。ここでいう「楽しさ」というのは、なにもコミカルというだけの意味ではありません。「え、それってどういう意味？」「○○だったなんて知らなかった」という興味深さや、「聞いて聞いて」と誰かに話したくなるような経験、また「そう、それそれ」「私もそう思ってた！」と心の中で思っていたことに共感できるのも、全てがXを通して感じる「楽しさ」になると思うのです。人によっては芸能人のゴシップや、「これは間違っている」と否定的な主張をすることもありますが、これも一種の面白さにつながってるのだと思います。だからこそ、多くあるSNSの中においてこれだけXが親しまれているのでしょう。

　そもそも、楽しくもないことに人は時間をわざわざ使わないし、アプリを開かないし、指も動かさないですよね。

　みんな「楽しいことを求めている」という視点に基づき、私は内容をつくってきました。最初の1行で惹きつけることも、投稿の型を使

って表現することも、具体的な数字を入れるということも、全部そこにつながります。いかにして、目に留まる情報を楽しく伝えていくか、ということで、自然とアルゴリズムにも沿った投稿になっていきます。投稿内容に迷ったら「楽しいことはないか」「面白いと思ってもらえることはないか」という視点にたってみてほしいと思います。

　2つ目のポイントは「スピード感」です。1章でも、Xは情報のスピード感がとにかく速い、という事をお伝えしましたが、タイムラインが流れていくスピードはとにかく早いです。1度投稿したポストも、次々と更新されていくので、フォロワーがそれぞれ開いたタイミングではもう別の情報に変わってしまっているということも珍しくありません。だから、1日に同じ内容を3回流す方もいらっしゃるくらいです（またそれは効果があると思います）。現にわたしもリポスト機能を使って同じポストをすることもあります。

　話題のテーマやトレンドについても、リアルタイムで刻一刻と更新されています。ニュースの速報などが流れると、Xでもそれに関するポストが拡散され、瞬く間に世界中の人が反応します。そういう意味でも、Xでは、今何してる。今どう思ってる？　今日はこんな風だ、というリアルタイム感を各地バラバラにいるみんなで共有しているような感覚があります。それこそがオンラインで繋がってる良さですよね。だからこそ、これから発信者となっていくあなたも、Xの情報のスピード感に慣れていただきたいです。つまり、情報は新鮮なうちに流す、誰かからもらったリアクションは、熱が冷めないうちに返信するなどの行動に繋がっていけば、Xで目が離せない存在に、きっとなっていけるはずです。

　3つのポイントは「直感」です。伸びている人をTTM（徹底的に真似る）する、引用リポストしてもらえるようなコメントを積極的にする、伸びる型を活用する、などのコツコツの積み重ねがあった上での話で

すが、ふとした時に降りてくる直感やひらめきには、ぜひ従ってみてください。5章でもお伝えしたように、私の代名詞ともなった「釜爺ツイスト」の動画をポストしたときは、まさに、直感にただただ従いました。

　私が思うに、直感というのは、様々な取り組みや失敗の経験を経た人だけが受け取れるものだと思います。それは他人との比較でなく、自分自身がどれだけ目指すものに意識を向けているか、その先にふとした瞬間にキャッチできるものではないかと思います。これは少しイメージが掴みにくい話かもしれませんが、「あゆみかんがそんな事を言ってたな」くらいに思っていただいて、いつかピンと来る感覚があれば、ぜひ従ってみてください。

フォロワーの反応をみて、好まれるほうを選ぶ

　あゆみかん1分体操を始める前までは、健康や身体や食に関する情報をまじめに発信して、とにかく価値提供をしたり、ときには〇〇は絶対やめて。などと不安を煽るような型を使って、いかにして情報を伝えるか、ということをやってきました。

　さらには、「タイで暮らすとこんな良いことがあったよ」みたいな発信や「成功者がしている5つのこと」など、今とはかけ離れた投稿も数多くしてきました。しかし、予想がつくと思いますが、このような投稿はまったくと言っていいほどウケませんでした。

　わたしの中では、以前タイで住んでいたコンドミニアムは桁違いのお金持ちの方が沢山いたのでそこを意識していたんですが、何者か分からない人の成功者がこんなことしているよ、と言われてもフォロワーさんにとっては興味のないことだったんですね。そんな迷走期間もありましたが、ふとした体操のことがきっかけで、多くの人に見てもらえるきっかけを得ました。「あ、私はこっちの方がウケるんだな」それに気づいた私は方向転換。以来、フォロワーさんの反応が良いもの

を中心に投稿した結果、今のスタイルになりました。投稿内容の良し悪しは、フォロワーさんが教えてくれます。ぜひ「好まれるほう」を選んで、投稿をしていってみてくださいね。

伸びるための投稿パターン

見られるポストを作るには、すでにXに存在する「型」を使うこと。まずはどんなバリエーションがあるかを知り、自分に合うものを取り入れてみてくださいね。

投稿バリエーションで飽きさせない

どんなにXの情報がスピードが早くて流動的だからとはいえ、毎回同じような内容を同じように伝えていては、見る方も飽きてしまいます。

さまざまな角度から投稿内容を見つけて、いろんな表現を試してみましょう。フォロワーを飽きさせないのももちろんですが、さまざまな投稿をしてみるほうが、第一に自分が楽しめるはずです。

ある程度見てくれる人が増えてきたら、この投稿では、いつも見てくれている既存のフォロワーに向けたもの、この投稿では新たに興味を持ってもらえるように、新規の方の目に留まるようにしたもの、と分けて考えるようにしてみましょう。なお、新規の方に目に止まるようなポストとは、「へーそうなんだ！」「知らなかった」「それはすごい」と思ってもらえるような有益なポストです。1つの投稿であなたのプロフィールを訪れて、この人をフォローしておいたら有益だ、と思ってもらうことができれば新たなフォロワー獲得に繋がります。また、既存の方に向けたポストとは「わかる〜」「あーそうそう！」「私も思ってた」と思ってもらえるような、共感が生まれるポストです。これは、フォロワーは増えにくいですが、たくさんのいいねがもらえたり、フォロワーとのコミュニケーションが活発化してファン化に繋がりやすいです。

ぜひこの点を意識して、既存、新規の方にバランスよくアプローチ

して行きましょう。

プロフ誘導型

　Xは、独特の文化もあり、面白いなと思っていますが、流行りがあり、その流行りにどんどん便乗していき、また過ぎ去ると新しい流行りがどこからともなくやってきます。その流行りは私が流行らせたと言う人が現れます（笑）が、しかしその真偽は誰も分かりません。そして、そのスタートは、明日のあなたのポストかもしれません。

　例えば、答えを引っ張って「知りたい方は、プロフです」とプロフィールに誘導したり、「続きはリプ欄です」と語尾に書いて更に、リプ欄へ誘導する方法があります。これは、滞在時間を伸ばしてインプレッションをあげる「プロフ誘導型」と呼ばれます。これは、必ずプロフィールを読んでもらえるので、そういう意味では自分のことを知ってもらう方法のひとつにもなりえます。ただし、一方では「ああいうやり方は嫌い」と言った意見も聞こえてきます。どんな方法にもアンチは一定程度いるもの。プロフ誘導型をやってみて、フォロワーが増えたら続けてみるのもいいでしょう。ぜひ自分の手を動かして、PDCAを回してみてくださいね。

固定ポスト誘導型

　プロフィールへ誘導するプロフ誘導型と似ていますが、プロフィールの中よりももっと多くの情報を書いた場所へ誘導したい場合「〇〇が気になる人は固定ポストへ」と誘導することもできます。
　私自身も以前は、無料プレゼントの受取方法を紹介したポストを固定ポストにしていました。ここからLINE公式へ登録してもらい、SNSブランディングの半年コースの個別コンサルの集客に繋げることがで

きました。有料セミナーやコンサルなどつなげられるバックエンドがある場合は、固定ポストに誘導することで一定の成果を得ることができるでしょう。

1000万インプレッション記念として、無料プレゼントを伝えていた固定ポスト。

公式LINEからプレゼントしていた6つの特典。

煽り型（時事ネタ、不安を煽る）

次に、煽り型です。「Xが怖い！」と言う方は、たまたまこの煽り型の文型を多く見ているからかもしれません。煽り型は、「これをやらなきゃやばい！」「知らない人は終わってる」などを一行目に書き、イン

パクトを与える方法です。「これやってる人マジでやめて」「やらなきゃ損！」などのネガティブ訴求もXでは良く見かけますが、この1行目に何を書くかには、トレンドがあります。もちろん、過激な人もいますが、あれは、一つの芸風（笑）。中の人は意外と優しくて温厚でちょっぴり小心者なのかも。と想像してみると可愛くも思えてきますが、この方法は好き嫌いがはっきり出る方法だと言っていいでしょう。実際私もポストしてチャレンジしたことがありましたが、自分の雰囲気には合わず、辞めた過去があります。

自分らしさ型（自分の価値観、想い、人間性）

「自分らしさ型」もあります。自分らしさ型とは、自分の価値観や思いを素直に伝える方法です。私自身も、今回の出版にあたって日ごろからの思いなどを綴ってポストしました。その結果、私と同じ価値観を持つような方が共感してくださり、より強い結びつきを得ることができました。この方法は、一気に距離が近くなりファンになります。まるで、ドラマを見終わった後のように数日間余韻に浸ることができます。

ドバイ在住のたえさんがその代表例です。

こんなポストを見かけてから、DMをして一気にお近づきになることができました。あゆみかんにも毎朝リプをいれてくださり、仲良くさせていただいています。結論、美人は性格もいい！　こんな強いつながりは、共感からしか生まれないのです。「自分のことをさらけ出すなんて……」と臆病になってしまうかもしれませんが、ぜひ勇気を出して投稿してみてほしいと思います。

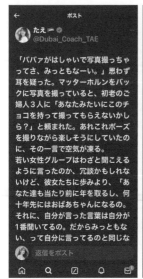

たえ　
@Dubai_Coach_TAE

「ババァがはしゃいで写真撮っちゃ
ってさ、みっともなーい。」思わず
耳を疑った。マッターホルンをバッ
クに写真を撮っていると、初老のご
婦人3人に「あなたみたいにこのチ
ョコを持って撮ってもらえないかし
ら?」と頼まれた。あれこれポーズ
を撮りながら楽しそうにしていたの
に、その一言で空気が凍る。
若い女性グループはわざと聞こえる
ように言ったのか、冗談かもしれな
いけど、彼女たちに歩みより、「あ
なた達も当たり前に年を取るし、何
十年先にはおばあちゃんになるの。
それに、自分が言った言葉は自分が
1番聞いてる。だからみっともな
い、って自分に言ってるのと同じな

んだよ。」あー、言っちゃったよ、
これでもかなり控えめに言ったつも
り。昔の私なら間違えなく「誰がバ
バァだよ?」って言ってた。少女の
ようなおばあさん達可愛かったの
よ。だから黙っていられなかった。
いつも愛ある言葉を使いたいよね。

ドバイ在住の起業家たえさ
ん。Xのプロでファンも多い
です。

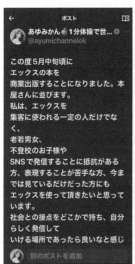

あゆみかん🍊1分体操で世...
@ayumichannelok

この度5月中旬頃に
エックスの本を
商業出版することになりました。本
屋さんに並びます。
私は、エックスを
集客に使われる一定の人だけでな
く、
老若男女、
不登校のお子様や
SNSで発信することに抵抗がある
方、表現することが苦手な方、今ま
では見ているだけだった方にも
エックスを使って頂きたいと思って
います。
社会との接点をどこかで持ち、自分
らしく発信して
いける場所であったら良いなと感じ

社会との接点をどこかで持ち、自分
らしく発信して
いける場所であったら良いなと感じ
ています。

わたしは、あゆみかん1分体操で
世界に幸せを広める人というキャッ
チコピーにしてから
世界に届けーと
毎朝6:00に投稿してから
約1年、
意識も変わりました。沢山の方と繋
がることができました。

テレビ出演が決まったり、渋谷など
のエキシビジョン8箇所で私の動画
が流れることにもなっています。
そんな裏側もシェアしていく
応援チームを作りました。
初出版、どうか応援して頂けたら幸
いです。

商業出版への想いをポストし
ました。

バズ狙い型（時流を読みながらウケを狙う、ギャップ）

大谷選手や吉本の松本人志さんのあのニュース、著名人の言ったこ

146

となど前日のニュースを見ると次の日のXは一気に盛り上がります。わたしは、あゆみかん1分体操なのでそこに便乗することはほとんどないですが、明るい、お祝い事のニュースなんかは夕方の時刻に「〇〇さんおめでとう！」などとつぶやくこともあります。ご自身が興味のあること、またニュースがあったら、そういう風に便乗するのも良いですね。ぜひ日ごろからXのトレンドにも敏感になり、どんな発信に注目が集まるのかな？　と観察いただければと思います。

コンテンツ型（動画のオススメを狙う、真面目にコンテンツ）

　コンテンツ型は、長文のポストで講座内容や、セミナーで話していることを伝える方法です。いわば真面目な価値提供です。もしみなさんが先生業をされているなら、この方法はとても効果的です。長文のポストに書くだけではなく、リプ欄にどんどん内容を書いていっても良いですし、何かの専門家であれば、専門家らしい観点からご自身の考えや考察を述べても良いと思います。以前私も、「ヨガの専門家」として、ヨガのことを熱く語ったことがありました。

　いつもよりは、全然見られることはなかったですが、それでも何人かの方からは「この間のポストがとても参考になりました！」といった感想や「本当にヨガのことを教えている先生なんですね」と言われました。普段は、みかんをつけてコミカルにやってるので無理もないことです（笑）。

　こんな形でコンテンツを発信して行ったり、潜在意識を使ったコーチングをされている方であれば潜在意識とは？　どんな風に使っていくと良いのか？　など価値提供をしていくと、お申し込みに繋がることもあるようです。アダルトチルドレンの発信をされている方、そんな特性がある人を集めて心を癒してあげられていますし、HSP気質の発信の方も人気があります。

また全然違って、映画の評論をしているような方は、お一人お一人の女優さんにフォーカスしてその方にまつわるエピソードなどを書いている方もいらっしゃいます。映画の試写会に呼ばれたりラジオのオファーもあると伺いました。専門家と言っても、学術的なアカデミックの分野だけではなくていいのです。ご自身の趣味を突き詰めれば立派な専門家です。みなさんも得た知識をぜひXで発表してみてくださいね。

ビジネス型（ビフォー・アフター、お客様の声）

　ご自身のビジネスの集客のために投稿することもあるでしょう。例えばお客様の声や、商品やサービスの紹介、また、お客様の体型のビフォー・アフターなどがそれにあたります。しかし、このビジネス型の投稿ばかりをしても、残念ながらフォロワーさんは増えません。やはりフォロワーさんへの有益な情報や、数ヶ月に一回は、キャンペーンやプレゼント企画を行い、その中で集客を含むビジネス系の発信をする方がいいでしょう。ちなみにわたしは、半年間伴走型でSNSのコンサルティングやマインドのコーチングをしていますが、そういったことをポストすることはほとんどありません。ちょっと考えてみると、あゆみかん1分体操がプレゼント企画でクライアントさんを集客しだすと世界観が壊れてしまいますよね（笑）。なので、私は本当に時々「半年間のコンサルティングやビジネスコーチングをしていますよ」「成果はこんな感じです」と伝えたり、クライアントさんからの感想を掲載することもあります。

　なお、最近では、講座の作り方や、新しい自分を発見したいと、自己成長のために来ていただく方も多いです。「体づくりのこととは関係ないのでは？」と思われるかもしれませんが、日頃Xでさまざまな投稿を見ているからこそ、フォロワーさんたちは「この人にビジネスを教わりたい」という発想になっているのです。そういう意味で、Xで

はいろんな投稿をしておくのが良いでしょう。ただし、繰り返しになりますが、ビジネス系の発信は毎日ではなく、キャンペーンなどのなにかイベントがある前に限定するなど、戦略的にポストしていきましょう。

ロング型（ぶっちゃけ話、裏話、他で聞けないこと）

　長文で自分の言いたいことを語る「ロング型」もひとつの手として有効です。本当に知ってもらいたいことや自己開示する時などに使ってみましょう。Xのブルーバッジをつけていない方でもリプ欄を使えば、書き込みすることができます。ロング型を見てくれる人は、普段の投稿に比べると少ないですが、確実に「ファン」の方には刺さります。

　なおちょっと外れてしまいますが、ロング型は「ジャーナリング瞑想」にも使えます。「ジャーナリング」とは、一定の時間内で自分の頭に浮かんだことをありのままに書き出すことです。具体的な出来事や自分の気持ちを考えながら書く日記とは違い、とにかく浮かんだことを書き出していくのが特徴です。Xを使って、内容がポジティブ、ネガティブであるかを問わず、抽象的な文章や表現であってもOKなので、どんどん書いてみる。自分の頭に漠然としているものを「文字」として明確化することで、普段の生活では気づきにくい漠然とした気持ちや考え方などが明確化され、自分の新しい一面を知ることができます。自分自身と向き合うきっかけになることから、ジャーナリングは「書く瞑想」とも呼ばれています。Xは後でポストも消せるので想いが溢れたらばーっと書いてみる、そんな使い方も私はしています。後から消しちゃうことも多々ありますがスッキリするのでおすすめです。

リプ指定型

『X集客の教科書』を書かれているもんぐち社長は、戦略的にファン
を増やしています。朝の投稿は、「頑張ろうな！　でOK」とポストの
最後に付け加えるだけで、コメント欄は頑張ろうな！　で溢れかえり
ます。自身をX集客の第一人者と位置づけていて、ブランディングも
完璧。だからこそ、このリプ指定型が受けるのです。男性からも女性
からもファンが多いイメージで私の尊敬する人の一人です。いつか渡
邉あゆみかんも、『みかん🍊ですよ！』でOKとポストして、コメント
欄が🍊の絵文字で溢れかえるファン化ブランディングをサクセスした
いですが、やはりその前にさらなる価値提供が必要だと思っています。
もんぐち社長のところに頑張ろうな！　と何度かリプしに行ったのは
秘密です。

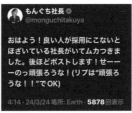

リアルでも、SNSでも活躍さ
れている方で、ポストの内容
も統一感があります。

押すな押すな型

　やってと言われたらできない理由を探すのが人間の性ですが「やら
ないで」といわれたら、ついやりたくなっちゃうものですよね。そう

いった心理を応用している「押すな押すな型」です。これは、実は私がいろいろと試しているうちに形になった、オリジナルの型です。ぜひみなさんも使ってみて下さい。

やらないで、やらない
ではフリです。

自分ごと＆悩み解決型

　実際にあった悩みの質問を例に挙げると、誰かの実際の悩みであればよりリアルに伝わるし、「〇歳の」と年齢幅を限定することで、ピンポイントの層にも刺さりやすくなり、さらにこれからその年齢になる人たちにも気になるので、結局は多くの人に届ける事ができます。

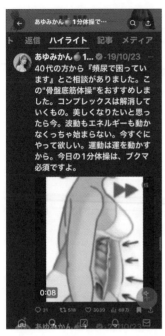

これからもお悩み解消できるような1分体操を届けます。

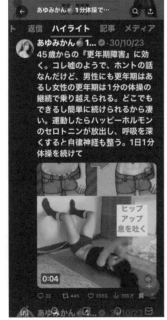

女性のみなさんが気になる更年期障害のことと、意外性のある内容をポストしました。

6

ポスト作成のコツ

ポストをさらに見られやすいものにするために、磨き上げるコツを具体的にお伝えします。

流行の型を使う

前の節で紹介した内容とも似ていますが、Xには色んな人に使われていくうちに「型」と化した、鉄板の言い回しが複数存在します。

例えば、「何度でも言いますが」「ヨガを18年教えてきたけど、痩せたい人はコレだけやってください」「海外でバズった〇〇トレだけど、」「〇〇なんて本当損してる」「現代人は〇〇な人が多すぎる」などです。

次のポストは「海外でバズった壁トレだけど」といって、壁を使ってできるトレーニングを紹介しています。これは、私が海外在住だからこそ言えるフレーズだし、こう言われたら「最新の情報なのかも」と自然と思ってもらって見たくなりますよね。こうした「型」をいくつも持っておくことがとても大切です。

海外でバズった壁ト
レ。

パワーワードを入れる

　ネット上全般においてですが、みんなが関心を寄せている、その言葉について知りたいという「パワーワード」が存在します。パワーワードをいくつもリストアップしておいて、その言葉からポスト内容を構想するのもよいかもしれません。私がよく使っているパワーワードにはこのようなものがあります。

「美脚」「韓国アイドルのような」「二の腕痩せ」「産後ダブダブだったお腹が」「振袖二の腕」「お父さんの背中」「ガンダムの肩」「二の腕トンカツ女子」「肩ロース極上組」「ドラえもん女子」「おしりのっぺり族」「スキニーが激似合う」「これまじでしぬほど効く」「セロトニン」「波動」「運気があがる」「1分やるだけ」

　パワーワードは、自分のジャンルに合ったものを探して使ってください。Yahoo!知恵袋などで多く上がっているものや、キーワード検索

サイトなどで手軽に関連キーワードなどまで検索できますので、沢山集めておきましょう。下のポストは、先ほど紹介した「海外で〇〇した〜」の型や、「背中肉」「二の腕ポニョ」「セロトニン」などのパワーワード、を組み合わせたポストになっています。

壁ドンからの壁活も流行るかも!?　壁さえあればどこでもできます。

いらない言葉を消す

　さて、パワーワードを知ったところで、つぎにぜひ知ってほしいのは「いらない言葉を消す」という作業です。みなさん、意外と無駄な言葉を入れて投稿しているもの。Xは140文字しかないため、とにかく見やすい投稿にしていく事が必須です。要らない言葉はどんどん消していきましょう。限られた文字数なので、書かなくても分かる言葉は省くのを意識してみてください。では次の文章でいらない言葉を消す練習をしてみましょう。

BEFORE

　私はヨガを1万人の方に指導してきたけど、

　コレ本当に全身が痩せるから全身痩せするからびっくりします。

　おまけに波動が上がるので、

　運気落ちたーと感じている人がいたらすぐにやって欲しい。

「お腹痩せ」「たくましく肉がついた背中」「下腹の浮き輪肉」

「振袖のような二の腕」全部やっつけちゃうから最高。

　朝運動するとセロトニンも出て、

　ハッピーになるからブックマークしてね。

AFTER

　ヨガを1万人に指導してきたけど、

　コレ本当に全身痩せするから驚く。

　おまけに波動が上がるので、

　運気落ちたーと感じたらすぐにやって欲しい。

「お腹痩せ」「だるま背中」「下腹の浮き輪肉」

「振袖の二の腕」全部やっつけちゃうから最高。

　朝運動するとセロトニンも出て、

　ハッピーになるからブクマしてね。

　上のBEFORE→AFTERのように、省ける文字は省く、言い換えられる単語に言い換えるなどして140文字に凝縮した内容が書けるようにしてみましょう。

ChatGPT活用で読みやすい文に

　ChatGPTとは、アメリカの企業「OPEN AI」が開発した、AIチャットサービスのことを指します。ChatGPTに指示をすると、AIが判断し

て文章を作成してくれます。2022年のサービス開始からまたたく間に広がり、日々の業務に活用している方もたくさんいます。この便利なChatGPTをぜひXの投稿でも使ってみましょう。といってもゼロからChatGPTを使うのではありません。まず、ご自身で投稿文を考えます。そしてChatGPTを使って読みやすい文章に変えていきましょう。

　どうしても書いたままで投稿してしまうとパッと見の印象で、「読みにくい」と判断されて飛ばされてしまうことがあるからです。

　読みやすい文章のバランスは「漢字3割：ひらがな7割：（カタカナ0〜1割）」という定説があります。

　作った投稿と共に「これを漢字の使用率30％に変換して」と聞いてみるだけで変換終了なので、「難しいかも」と思わずにChatGPTも進んで活用しましょう。読みやすいポストは見やすく、伸びやすいポストになります。

　これは、私がマレーシアの「エムタウン」のコラムを毎月書いている中で、身につけた方法で、Xよりも文字数の多いコラムなどを書く際にも使えます。とくに長い文章は読みづらいと見てもらえなくなるので、人が見たい、見やすい、と感じるこちらも漢字30〜40％に変換しています。

数字を入れる、キリのいい読みやすい数字に変える

　数字があると、一目で分かりやすい、具体的な内容になります。数字で表せることができるなら、積極的に使っていきましょう。ただし、パッと見て分かりにくい数字は逆効果になってしまいますので、キリのいい数字に変えましょう。例えば「39.78％」であれば「40％」に変更しましょう。

　次のポストでは、「1年で－10キロ」「太ももー13cm」と、複数の数字を使っています。数字が入ると分かりやすくなりますよね。

数字の威力は絶大！
なるべく数字を入れ
ましょう。

言い切る

　Xのポストでは「○○だと思います」「○○と言われていました」で
はなく、「○○です」と言い切る形で書いてください。

　あいまいな言い方では、専門性を感じてもらいづらく、ただ考えを
述べているだけになってしまいます。その道の専門家なら、「こんな経
験のある人が言うなら本当っぽい」と思ってもらうか、エビデンスを
添えるかして、価値ある情報として届けてください。

更にアカウントを
伸ばすための展開

6

SECTION
04

ここまで、140文字のポストをどのように伸ばすかについてお伝えしてきましたが、その他にも使える機能や方法がありますので紹介していきます。

動画を入れてみよう

　140文字のポストに慣れてきたら、画像や動画を一緒に投稿してみましょう。そうすることで、より目に留まりやすい投稿にすることができます。画像もよいですが、それよりもさらに動画は効果的です。私のように、自分が登場するような動画じゃなくても、少し絵が動くとか、ポストの内容に合った風景の動画が動くとか、何かしら動くと人は目で追ってしまう性質がありますので、ぜひ取り入れてみてください。

　最近では、手軽に動画素材をダウンロードしたり、自作のアニメーションを簡単に編集することができるので、負担にならないやり方を見つけてみましょう。

長文が書ける人はロング投稿

　「ロング型」として、長文の投稿をおすすめしましたが、ライティングスキルがある人は、ロング投稿を読んでもらうことでファンを獲得することができます。有料サブスクリプションサービスのX Premiumに入会していれば最大2万5,000文字投稿の作成が可能です。2万5,000文字あれば、ブログなどよりも充実した情報を伝えることができます。なおロング投稿されたポストは、誰でも閲覧できます。

　ロング投稿は、内容が面白いと感じたり、フォローしている人が書

いている場合には、多くの人がじっくりと読む傾向にあります。Xには、情報を求めている人や、新しい知識を学びたいという人が多くいます。そのため、文章力がある人にとっては、140文字では伝えきれない情報や、情報感度の高いユーザーへ向けた発信に有効な手段となるでしょう。

　また、長文であることのメリットは、滞在時間が伸びてそれだけ魅力を伝えることができる、ということにもなります。ぜひこちらも検討してみてください。

“資産ポスト”は再利用しよう

　反応が良かったポストや、一度バズったポストは、“資産ポスト”として何度でも活用しましょう。

　5章で「釜爺ツイスト」がバズったことで、「釜爺エクササイズ」「釜爺ウォーキング」と、シリーズ化させた事例をお伝えしましたが、これも1つの資産ポストの再利用です。

　また、1度伸びたポストに、次は動画をつけてポストしてみたり、同じ内容の文章をリライトしてポストしてみるなど、色々な活用法があります。実際に、1か月ほど前に伸びたポストをリライトしたものをまた投稿すると、1,000人増え、また1か月後にポストして1,000人増えたことがあります。

　みなさんもぜひ、伸びたポストは1度だけの命にしてしまわず、何度でも活用しましょう。

　例えば、nana.さんのこちらのポストは何度見ても欲しくなりとうとう薬局に行って買った人もいるほど。資産ポストの素晴らしい事例です。

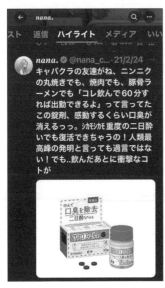

nanaさんはXのコンサルもされていて、本章の内容の部分を分かりやすく解説していただきご協力いただきました。

　気功の動きであるスワイショウは、バズったので資産ポストとして少し変えながら、合計6回ポストしていますが、どれも良い成績です。

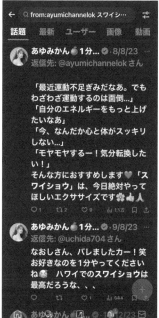

スワイショウは人気ということがわかり、同じ動画を何度も使っています。

朝は専門性、午後はお客様の声、実績

　X運用のカギは毎日の投稿にあります。そして、その毎日投稿するゴールデンタイムは、朝6時です。なぜなら、その時間帯ににポストしておけば、コメントやいいねが増えている状態で、通勤や通学などで人々が動き出す時間の最も人々の目に触れる時間帯を迎えられるからです。X運用勢は朝6時に活発にうごいて仲間のポストにいいねしたりコメントしたりリポストしたりしているのです。

　1日2回以上ポストできる人は、朝ポストする内容と、午後にポストする内容を使い分けてみてください。

　私は、朝の一発目は拡散してもらうために、見やすい3秒くらいの動画を使ったポストをすることが多いです。そして夕方は、朝よりゆっくり見てもらえるように10秒とか20秒の動画やロング投稿でゆったりとしたBGMで、ポストしたりしています。

　下は午後ポストしたもので、5時間ほどで2万インプレッションとなり、新規フォロワーが増えました。『最近バズらないな……』『つまらないな……』と思ったらいつもと違うことをしてみると良いかもしれません。

バズったらやること

　6章では、反応されやすい投稿の仕方や具体的な投稿内容をお伝えしてきました。反応されやすい投稿をコツコツ続けていくと、ある日「なんでこんな投稿で？」というものがバズる場合があります。何度もご紹介している釜爺体操がまさにそうでした。

　ではバズった後、何をすればよいのでしょうか？　実はこの後の投稿がとても大事なのです。バズったあとに行うことは、たった1つ。シンプルに「自分の宣伝を行う」ことです。

　今一番ご自身が見てほしいものをリプ欄に投稿し、多くの人に見て

もらいましょう。

　私の場合は大きく分けて2つの宣伝を行いました。1つ目は自分の
YouTubeチャンネルを紹介したのです。次の画像を見てください。最
近私は、釜爺の投稿に引き続き「小顔体操」の動画がバズりました。

小顔体操

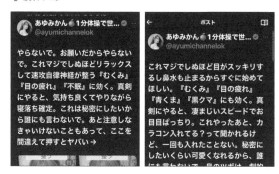

小顔ポストバズりの時間経過

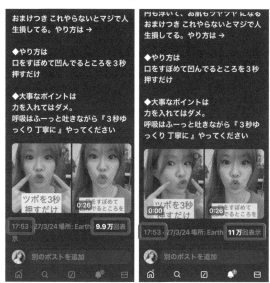

あっという間にインプレッションが増えていき、最終的には1034万インプレッションになりました。ちなみにXはお誕生日に風船が飛びます。

　　いいねが目標数値の4倍に到達。さらに私はこの流れを止めたくないと、２日目も小顔体操の投稿を行いました。

小顔バズ2日目

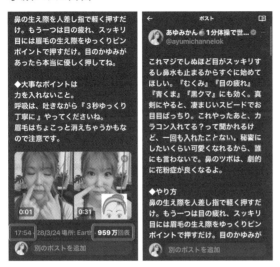

2日目は、1万いいねに到達。

その後の1分顔体操が朝と夜2回ポストし、続けて6投稿もバズり1000万インプレッション、980万インプ、650万インプと続き、結果4日間でフォロワーが1000人増えました。1分毎に1万インプレッションブーストかかると、10.30.70.150万と増えて行きます。24時間経った頃は、1,000万インプレッション、2日経って1033万インプレッションになりました。

小顔1000万インプ

そこで私は、早速自身の最新YouTube動画をリプ欄へ載せ、YouTubeへの誘導を行いました。フォロワーさんにとって役立つ動画がたくさんあるので、その周知徹底を行いたかったからです。

　2つ目は、「自己紹介」です。バズった次の日、私はこんなポストを載せました。

> 昨日から800万人の方に届きました！
> 私は、あゆみかん1分体操を毎朝6:00にポストしています。
> いつでもどこでもかんたんにできるヨガ的な発信をしています。
>
> 私をフォローするメリットは
>
> ・1分体操で姿勢改善
> ・1分体操で自律神経整う
> ・1分体操で全身痩せ
> ・1分体操で自己肯定感アップ
> ・1分体操で部分痩せ
>
> 体も柔らかくなり、運動で運を動かすから開運するよ。
> お陰様でフォロワー様
> 『🍊15000人🍊』
>
> 1日1分体操で体も心も軽くなり、
> 人生が変わった人続出
> 地球に生まれた自分の体を大切にして、もっと楽しく軽やかに生きたい人はフォロー&応援してくれたら幸せです。
>
> みんな大好き。
> いつも有難うみかん🍊
> →@ayumichannelok

　このとき、自分のアカウントを掲載することを忘れないようにしましょう。投稿を見た方がフォローしやすくするためです。多くの場合、バズったことが嬉しかったりびっくりしたりして、次のアクションに

168

まで意識がいかないことがほとんどです。しかし、Xでは、「バズったら自分の宣伝をしてもいい」という暗黙のルールがあるため、バズった後は「炎上させずに多くの方に宣伝できる」格好の機会なのです。ぜひこの機会を逃すことなく次のチャンスにつなげていきましょう。

他媒体への誘導

　ポストに他媒体のリンクを貼ることで、自分の別のSNSやチャンネルに誘導することもできます。

　YouTubeのリンクを投稿に貼ることで、異なるプラットフォームへの誘導も行っています。これにより、フォロワーを他のコンテンツにも引き込むことができるという戦略を取っています。自身のYouTubeチャンネルのフォロワー数が1,000人増加。視聴者の興味を引くために、顔出しをしたYouTube動画を投稿し、視聴者に「最後まで絶対見ないで」とおすな！　おすな！　のダチョウ倶楽部さんのお家芸を意識して、タイトルには、これめっちゃ痩せるんだけど、最後まで絶対見ないで。というタイトルに変えました。こちらのYouTubeも1.1万再生され、1,000人のフォロワーさんが増えました。

　人々の好奇心が刺激され、この戦略は大成功。ダチョウ倶楽部さんに感謝しています。

※「熱湯風呂コント」はダチョウ倶楽部が得意とするコントの形式です。熱湯風呂に竜兵がまたがり、「押すなよ、絶対に押すなよ！」と何度も念押しします。

　YouTubeを伸ばしたいと思っていた時期は、固定ポストで誘導していました。Xで別の媒体に誘導する際は、InstagramなどよりもYouTubeが相性がいいと思っています。なぜなら、Xで短い動画を見たりポストを見てくれた人が「もっと見てみようかな」と思ったときに長尺の動画を見てもらう流れができるからです。

XからもたくさんYouTubeを見に来てくださっています。

P
Plan

CHAPTER-
7

Xに
投稿したポストの
測定と改善

A
Action

D
Do

C
Check

7 日々実験のように楽しむのだ

投稿したポストがどんな反応だったか？　どんなリアクションがされてフォロワーがどう動いたのか？　アナリティクス機能を使って分析と改善をしていきましょう。

分析すらも楽しんで

「頑張って作ったポストが伸びない……」なんて時は、誰しも落ち込んでしまうことでしょう。そんな時、最もやってはいけないのは、「もう無理だ」と思って投稿を辞めてしまうことです。ポストが伸びないときは「伸びないポストのサンプルが増えた」というポジティブ視点を持つことをおすすめします。逆に、バズって多くの人に見てもらうことができたときも「どうしてこれがよかったのか」という分析の視点を持つことが大切です。

　この2つができれば、伸びるポストをコンスタントに出して行くことができるでしょう。つまり、良い反応の投稿も悪い反応の投稿も大事なのは「分析すること」です。といっても堅苦しく捉える必要はありません。「次の投稿はこうしてみたらどうかな？」「今度は動画を投稿しようしてみようかな？」と、日々実験をするように投稿してフォロワーさんの反応やリアクションを見てみてください。

　もし「全然興味を持ってもらえなかった……」「スベった、恥ずかしい……」と思ってしまいそうなら、大丈夫です。すごいスピードで情報が流れていくのがXなので、誰もそんなこと覚えてはいません（笑）。

　Xは、自由な場ですから、何度もトライし続けていると、結果的に自分のアカウントの特性を知ることができて、そのトライ自体が分析に繋がります。ぜひ「失敗した」という意識を持たずに「どんどんや

ってみよう」という前向きな気持ちで日々の投稿を分析してもらえた
らと思います。

フォロワーが減っても気にしないこと

　ある日のこと。気づいたらフォロワーが一気に100人減っていたこ
とがありました。「わーん、なんで？」私はそう思って少しの間落ち込
んでいました。でも、しばらくして「数百フォロワーが一気に減って
いるときは、X側がアカウントの整理をしていて、長らく使っていな
いアカウントを削除している」とわかったのです。Xでは定期的にこ
ういったことが起こります。ほかにも、一度SNSブランディングコン
サルの集客の為にキャンペーンをした際には、一気に数十人減りまし
た。「なるほど、ヨガ、"あゆみかん1分体操"のアカウントなので、そ
れ以外のものを出すとフォロー外されるのね」と分かりました。

　コンテンツについたファンの場合やバズって思わず瞬間的にフォロ
ーしてくれた場合、それ以外のポストだとフォロワーさんは減ります。
けれど私は、自分のコンサルやコーチングで人生を変える方がいると
幸せなので、今後もXでもキャンペーンはしていきます。そこを変え
てしまうのは、自分の軸を変えてしまうことなので、それで一定数離
れていく人がいるのは仕方ないととらえています。みなさんも、投稿
をしていってある日フォロワーさんが減っているな、と気づくことが
あると思います。そんなとき「何で減ったのかな」という分析を癖づ
けしていきましょう。それで自分なりに回答が導き出せればそこまで
落ち込むこともありません。また、フォロワーが減ったとしても、継
続していけば必ずフォロワーは増えていきます。ポジティブな意識で
Xと向き合っていただければ幸いです。

アクセス解析で見るのはここ！
数字だけじゃなくユーザーを見よう

7

SECTION
02

アナリティクスの活用方法はいろいろとありますが、私が普段活用している項目についてお伝えしていきます。

Xのアクセス解析

　Xのアクセスを解析する方法は、個別のポストから見るやり方と、Xの公式の解析ツール「Xアナリティクス」を使う方法があります。これは、アカウントを持っていれば無料で使用できる公式の解析ツールです。アカウント全体の解析を確認したいときは、Xのアカウントでログインが必要です。

　個別のポストからも、Xアナリティクスからも、どちらも「どれくらいの人に見られているか」「いいねの数」「フォロワー数の増減」などの反応を数字で確認することができます。

　ただし、初心者の方は、一つ一つのポストでアクセスを解析するところから始めるとよいと思います。私もいまだに、1つ1つのポストからアクセスを確認しています。

　確認方法は簡単です。アクセスを見たいポストの下部から、棒グラフのマークをタップします。「アナリティクスを表示」をタップすると個別の集計ページが表示されます。ポストごとの詳細な情報を確認することができます。

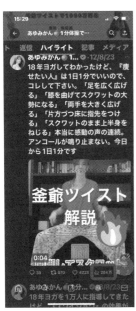

棒グラフのマークから集計ペー
ジを確認できる。

インプレッション

　ポストがどれだけの人に表示されて見られたかを示す数字です。例えば私の場合は、1万フォロワーのとき、2万インプレッションがないと成績が良くないと感じていました。現在は他の方のインプレッションも見ることができます。ぜひご自身と同ジャンルで、自分より少し先を行っている人のインプレッションを自身の参考にしていただければと思います。

ブックマーク

　ポストの下に出てくるブックマーク数も、簡単に見ることができるので気にしています。ブックマークが多いということは「後で見返したい」と思うほど役に立つ情報だということ。ぜひみなさんもブックマーク数を気にしていただけたらと思います。なお、投稿の中で、

- これは秘密です。
- ブクマしてね。（ブックマーク）
- 保存して後でゆっくりやってみてください
- 知らなきゃ損。知らないとやばい。という文を入れるとブックマークを増やす助けになります。

いいね数

　ハートを押された回数、いい値数も大切な指標です。私の場合は1,000件を目標にいいねされるようなポストを目指しています。目標とする数字はアカウントによっても人によっても違うので、自分のポストの平均値を見てみたり、同じジャンルの少し先を行ってるアカウントを参考にしてみてください。

　ちなみに矛盾しているようですが、私は常にライバルは自分で、普段からあまり人の投稿は気にしていません。常に昨日の自分より今日の自分はここが良かった、ここを工夫した。と行動したことを褒めて自分を励まして継続しています。

プロフィールへのアクセス数

「プロフィールのアクセス数」も大事なポイントです。Xのアカウントは、ポストからはフォローすることができません。相手のプロフィールに飛んでいって初めて「フォローする」のボタンを押すことができるからです。

　同じく、投稿の棒グラフのマークを押すとプロフィールのアクセス数がわかります。しかし、ここに表示される「プロフィールへのアクセス数」数字は、途中経過では間違っていることが多いもの。これは私の体感でもありますし、Xを運用している人には結構知られている事実なのですが、新たにフォロワーが10人以上増えていても、プロフ

ィールへのアクセス数は「2」と表示されていることもあります。プロフィールへアクセスしないとフォローできないのに、アクセス数「2」は何かの間違いと考えざるを得ません。

　何人フォローされたかは、フィードに出てくるので、その数字が正しい数字になります。

　なのでここの数字はあまり気にせず、もしいつもよりプロフィールへのアクセス数が多かったりしたら「興味を持ってくれた人が多かったのかな」という程度に参考にして下さい。

フォローされた人数がフィードに表示される。

新しいフォロワー数

　そのポストを見て何人の人が新たにフォローしてくれたかが分かる数字です。フォロー数が増えたかどうかが、どうしても気になってしまうとは思いますが、参考程度に見ることをおすすめします。

私もバズらない時に限って、人数を見て、今日増えた、今日減った、ということに一喜一憂していました。

　しかし、正直なことをいうと、今はそんなにポスト毎に何人増えているかは見ていません。それよりもどんな情報が求められているかな、どんなことにみんな悩んでいるのかな、という方に意識を向けています。「こんなポストが流行ってるのか〜」とか、「この投稿面白いな〜」と見ていて明日わたしもこんな感じで行こー！とアイディアをもらって、実際の投稿に反映させています。そうなってから心から楽しめるようになりました。新しいフォロワー数ばかり追いかけるのはほどほどに、それが楽しむコツです！

ユニーク再生数

　動画の場合は、再生数とユニーク再生数を見ています。例えば、ユニーク再生数が992で再生数が9,600の場合、約600人が動画を複数回再生したことになります。これをもとに動画の人気を判断しています。どんな動画が好まれるか？　逆にどれがイマイチなのか？　の指標になるので、ここも私はよくチェックしています。

　私の場合は、釜爺シリーズと股関節は強いです。困った時の股関節。最近では、小顔1分体操も反応が良いです。まさかXに自分の顔のドアップを出す日が来るとは思っても見ませんでした（笑）。成績は、良いのでこれからも1分小顔体操も取り入れていこうと思っています。このように「バズった動画」はご自身の成功パターンになるので、カンタンな記録を付けておくことがおすすめです。

毎日見る項目はシンプルで

　数字に強い方は、できるだけ沢山の情報を頼りに分析できるならしたほうがいいと思いますが、私が毎日見ている項目は結構シンプルで

す。リポストされているか？　いいねは普段より多いか少ないか？
インプレッション数は？　プロフィールのクリック数は？　このくら
いです。

　最初の方は毎日表にして記録したりしていましたが、数字が苦手な
ので続きませんでした……。「Xのいいところは気軽にできるところ」
と何度もお伝えしてきたように、数字を追いかけることに必死になる
より、毎日気軽に楽しくポストを続けて、フォロワーのリアクション
を見て、あの手この手と試しながら感触をつかんでも良いと思います。
ただ、数字が好きで、「数字を追いかけるほうがテンションが上がる！
という方はぜひ分析してくださいね。やらないよりはやった方が断然
いいです。

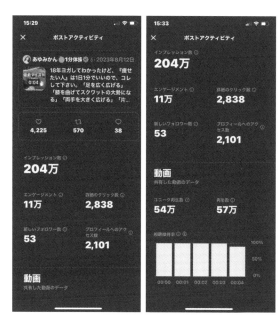

ポストごとに集計数字が確認
できる。動画の場合は、ユニ
ーク再生数、再生数、視聴維
持率などになる。

思うように伸びないときは

投稿しても反応がのびないときもあります。そんなときに試してほしい方法をお伝えします。

投稿の反応が良くない時の裏ワザ

　ポストの反応が良くないと感じた場合、ポストをリポストしたり、リポストを取り消して、もう1度リポストしてみる、ということを行っています。これは誰に聞いたのでもなく私がたまにやっていることなのですが、もう1度タイムラインに流すことで少しでもインプレッションが増えたらと思ってやっています。

　他には、わたしはマレーシアのクアラルンプールに住んでいて『エムタウン』という情報誌に"あゆみかん1分体操"のコラムを書かせて頂いているのですが、そちらからもXのポストに飛べるようにしていますし、ポストが伸びない時は他のSNSでもリンクを貼って今日のXのポストの紹介をしてたりします。そうすると、なんとか少し伸びます。涙ぐましい努力もしています（涙）。それもこれも"あゆみかん1分体操"が世界に広がる為です。また、リアルでお会いする方にXやってる？　と聞いて、もしやってなかったらその場で教えて、フォローしてもらうなどもしています。こういったリアルでフォロワーを獲得していく方法も意外と使えます。ぜひ試してみてくださいね。

思い切って変えてみるのも手

「なぜかポストがなかなか伸びない」「フォロワー数もインプレッショ

ンも増えない…」という時は、「模様替え」が必要な時期なのかもしれません。思い切ってさまざまな箇所を変えてみましょう。

- アイコンを変える
- プロフィールを新しくする
- 投稿の方向性を変えてみる
- 参考にする人を変えてみる
- 動画のテイストを変えてみる

など、さまざまなアプローチを試してみてください。

これは、単純に見る人が飽きているので、見方を変える、という方法です。

見方が変わるだけで「おっ！　元気かな？　アイコン変わったね」と思い出して「いいね！」を押すなんてことも良くありませんか？そうやって、「フォロワーの方を飽きさせない」というのは実はとても大事なことです。あるいはプロフィールに使う絵文字をがらりと変えたり、全体の雰囲気を変えてみるのもOK。また反応が悪かったら元に戻せばいいのです。あるいは、スペースに入ってお話ししたりコメントしたり、いつもやらないことをやってみて、活性化するのも良いかもしれません。「停滞しているな……」と感じたら変えてみる。これもひとつの大事なポイントです。

シャドウバンの可能性もある

SNSなどで利用規約に違反したアカウントは利用停止になってしまう「アカウント凍結（BAN）」と呼ばれるものがありますが、このほかに、対象のアカウントを他のアカウントから見られにくくしてアカウント凍結に近い状態にするという「シャドウバン」というものもあり

ます。これは、本人には通知されないため、シャドウバンされている
ことに気づきにくいという、ユーザーには怖いものです。

「なんだか最近全然見られなくなった」という時は、このシャドウバ
ンの可能性もあります。シャドウバンになってしまう理由として、悪
質なアカウントをフォローしていたり、リンクを貼りすぎていたり、
リポストばかりしていたり、コメントがコピペばかり、などが挙げら
れます。機械が運用しているのでは、と思われるような行動をしない
ように注意しましょう。

　自分がシャドウバンになっているかどうかをチェックできるサイト
がありますので「もしかしたら？」と思ったらチェックしてみてくだ
さい。

https://shadowban.yuzurisa.com/
シャドウバンをチェックするサイト。

Shadowban Scanner

シャドウバンを検出するアプリ。

7 最新のXアルゴリズム

SECTION
04 本節では、最新のアルゴリズムの内容に沿って、今後どのようにアカウントを運用していったらよいかについてお伝えします。

Xのアルゴリズム

Xは「いまを見つけよう」とコンセプトを掲げているように、「世の中で今何が起きているのか」を伝えることを目的としたプラットフォームです。

そのために、「一人ひとりのユーザーに向けて、どのようなコンテンツを表示をするか？」という仕組みがアルゴリズムになっています。これによって、日々生まれる5億個以上のポストの中から、より良い情報がものをユーザーに届けられています。

Xのアルゴリズムは、度々更新されています。これによって、伸びやすい投稿のパターンや、どのようにXで活動するとよいのかが少しずつ変わってきます。以前までは、いいねやリプライに固定のスコアが加算されるものでしたが、現在の最新版では、加算されるスコアに範囲が設けられています。このアルゴリズムを意識して、Xを運用していくのも頭の片隅に入れておいてみてください。

【2024/01 最新版】アルゴリズム スコア

	Default	Min	Max
いいね	1	0	100
リポスト	1	0	100
リプ	1	0	100
動画を50%以上視聴	1	0	100
ポスト主によるいいね・リプ返し	1	0	200
ポストタップ	0	0	100
プロフアイコンクリック	0	0	100
ブクマ	0	0	100
プロフクリックからのいいね・リプ	1	0	1,000,000
ポストタップ後のいいね・リプ	1	0	1,000,000
ポストタップ後2分以上滞在	1	0	1,000,000

特に意識したいこれからのポスト

これからXを本格的に行っていきたい方が意識するべきなのは次の3つの項目です。

❶プロフィールをクリックしてからのいいねやリプライをもらうこと

❷ポストをタップした後のいいねやリプライをもらうこと

❸ポストをタップした後2分以上滞在

です。

「プロフィールをクリックしてからのいいねやリプライ」を伸ばすには、まずは「どんな人なんだろう？」とポストの投稿者に興味を持ってもらう必要があります。

そして「ポストをタップした後のいいねやリプライ」を伸ばすには、ユーザーに「ポストの詳細が見たい」と思われるようなものである必

要があります。

　最後の「ポストをタップした後2分以上滞在」を伸ばすには、まず意識的に「見よう」と思われるポストであること、そしてそれくらい時間をかけて見られるものである必要があります。例えばそれは、ロング投稿や、ツリー構造のように何件かに渡ってポストのリプ欄で続きを読ませるようなもの、2分以上の動画などです。

　自分のポストに興味を持ってもらって、プロフィールを見てもらえるように、6章で紹介した「プロフ誘導型」も有効ですね。私が意識していることは、午後のポストで自己開示をしたり、いつもは楽しく1分体操をしている人だけど、専門性の高いことをロング投稿でしっかり書いて「この人ガチでヨガの専門家なんだ」「そんな人が紹介してる1分体操は効果ありそう」と思ってもらえるようにしています。

その他に意識すべき項目

　上記の3つのほかに、この項目に当てはまると突出してマイナス評価になってしまうというものがあります。それは「ポストに興味がない・ミュート・ブロック」「ポストが報告される」の2つです。

　当たり前の話ですが、しつこく商品の宣伝やセールスばかりする人、見たくないと思う情報ばかりをポストしている人はミュートやブロックしたくなりますよね。ビジネス利用であまりないとは思いますが、迷惑行為や攻撃的な行為があれば、アカウント自体の評価も落ちてしまいます。ミュートされてしまう、ブロックされてしまうなどの投稿は相手にとっても自分にとってもマイナスでしかありません。「楽しんでもらえるような」投稿をいつも心がけておくこと、これがとても大切です。

COLUMN

....
SNSで友達ができるってホント？
....

　突然ですが、みなさんに質問です。大人になってからどれくらい友達を作ることができましたか？　そうやって言われてみると意外と少ない、あるいは全然友達を作れていない方が多いのではないでしょうか。いうまでもなく、友達もまた自分の世界を広げてくれる大事な存在です。そんな大事な存在、どうやって作るの？　そう思いますよね。実はSNSでは、リアルと同じくらい濃い繋がりを持つことができ、友達になれるのです。

　実際私もXのスペースで知り合い、主催したヨガのリトリートに参加して下さったり、イベントを一緒に行ったりする友達が何人もできました。気が合う人、仲良くなる人、波長、波動が合う！と感じる人が自分自身の成長と共に凄い勢いで繋がって行く感覚を感じています。

　その1人、マサムネ@大富豪継承者　@masamune3k さんは、法人3社経営で年商10億という売上を上げている方です。三重県の田舎に住んでいるため、接点は全くなかったのですが、日本に一時帰国したタイミングでリアルのヨガのセミナーにご参加してくださりご縁をいただきました。マサムネさんの実績も素晴らしくて、2023年8月からXをスタートし、6ヶ月で6,000万円の収益、フォロワーさんは7000名のスピード感。まさに風の時代は、速さと直感で行動する人がチャンスを掴む時代だと実感しています。今後は、マサムネさんと日本全国に私のアパレルブランドを取り扱いをしてくださるというお話しも出ていてワクワクしています。

　マサムネさんはもはや友達の枠を超えたビジネスのお付き合いですが、このようにXでのフォローやリプ（コメント）し合う関係から仲良くなったり、友達になったりすることは決して珍しいことではないのです。

　あなたがあなたらしく生きて発信していたら、素晴らしいご縁も繋がるのがXの素晴らしいところです。オンラインからオフライン、リアルへと縁を繋げていくためにも、Xを頑張ってみてはいかがでしょうか。

CHAPTER-
8

他にも
押さえておきたい
Xの機能

P
Plan

D
Do

C
Check

Action

8 リストの活用

SECTION 01 リストを活用することで、ユーザーをフォルダ分けのような形で整理でき、効率的にアカウントを運用することができます。

リスト機能とは

　Xの運用が長くなり、フォローしている人数が多くなると、だんだんと全てのアカウントのポストを読むのが難しくなってきます。Xではフォローしている人がリポストした投稿もタイムラインに表示されますので、日々流れてくるポストの数はかなりの数になりますよね。

　こうした膨大なポストを分かりやすく整理できるのが、Xのリスト機能です。この機能を使えば、一定のアカウントをリスト化し、そのリストに含まれるアカウントのポストだけをタイムラインに表示することができます。1人で複数のリストを作成することが可能で、例えば「発信ジャンルで分ける」「つながり毎に分ける」「ニュース中心」などで分けられます。リストは常に追加や削除ができるので、運用しながら更新していくことができます。

　また、作成したリストは他のアカウントに公開できます。しかも自分のリストを公開できるだけでなく、他の様々なアカウントのリストを利用することも可能です。もちろん非公開にもできるので、競合調査やモデリングアカウントなどのリストはあえて公開しなくてよいかもしれません。人には言えない「秘密のリスト」作成もありよりのありですよ！

リストの作り方

　ホーム画面から、左上の丸いアイコンをタップしナビゲーションバーを開きます。「リスト」をタップし、「リストを作成（右下の青いボタン）」をタップします。リスト名を入力し、公開・非公開を選択したら「作成」をタップしましょう。公開する場合は、簡単な説明文も入力できます。

　リストに入れたいアカウントを検索したら、「追加する」をタップします。全て選択し終わったら「完了」ボタンをタップしてリスト作成は完了です。

「リストを作成」をタップして、新たなリストを作成します。

リストに入れたいアカウント
を選択します。

おすすめのリスト活用法

　リストの活用の仕方として、競合調査やリポストし合う仲間づくり
があります。

　競合調査に使う場合、自分と同じジャンルや似ている内容を発信し
ているアカウントをまとめてリストにします。そのリストのポストを
見れば、競合相手の発信動向を分析できます。ポストの内容や、投稿
する時間帯、どんなポストが伸びていて、どんなリプライのやり取り
がされているのかなど、アカウントをフォローすることなく確認でき
るのが利点です。

　また仲間づくりにも役立ちます。私はXで朝活をしているのですが、
一緒に活動しているメンバーをリストに入れて、お互いにリポストし
合ったり、リプライし合ったりして交流を深めています。交流したい
メンバーだけを表示できるので、便利に使えます。

190

ただし、仲間づくりで1点注意すべきことがあります。それは、アカウントを作りたての時は「交流よりも、ポストを優先させる」ことです。例えば、投稿がないのに大量にリポストしているとスパムだとみなされてしまいます。まずは、できるだけ毎日ポストに励んでください。周りとの交流は、それからでも十分に間に合います。ゆっくりゆっくり無理をせずに慣れていきましょう。何かわからないことがあれば、ぜひDMをくださいね。この本を読んでくださっている読者の方からでしたら、ちょっとしたご質問にはお答えしたいと思っています。

コミュニティ

「コミュニティ」機能は以前のXにはなかった機能ですので、活用方法やメリットを知り、取り入れてみてください。

コミュニティとは

　Xのコミュニティ機能とは、1つのテーマに対して関心のあるユーザーとグループを作成・参加できる機能のことです。現在、コミュニティ機能は 有料サブスクリプションサービス「X Premium（旧Twitter Blue）」に登録するユーザー限定で利用できます。

　コミュニティを作成することで、共通の趣味やテーマについて様々なアカウントと自由にコミュニケーションができます。以前のXは、「情報の拡散スピード」や「あらゆる情報共有が可能」という反面、共通の趣向を持つユーザーを見つける機能や特定のユーザー間で楽しめるコミュニティスペースがなく、そうしたものに対してニーズがありました。そこで追加されたのがこの「コミュニティ」機能です。さらにXの使い方の幅が増えたとともに、使いやすくなりました。

コミュニティへの参加・作成方法

　タイムライン下部の真ん中の「コミュニティ」マークをタップします。すでにあるコミュニティに参加したい場合は、虫眼鏡マークをタップし、コミュニティの名前で検索します。表示されたコミュニティから参加したいものを選択し、「参加する」をタップします。コミュニティごとのルールを確認したら「同意して参加する」を選択します。

　なお、コミュニティを作成したい場合は、タイムライン下部の「コ

ミュニティ」マークをタップし、コミュニティタブから「作成してみましょう」をタップします。「コミュニティ名」と「コミュニティの目的」を入力し、「作成」をタップし「OK」をタップすれば完了です。

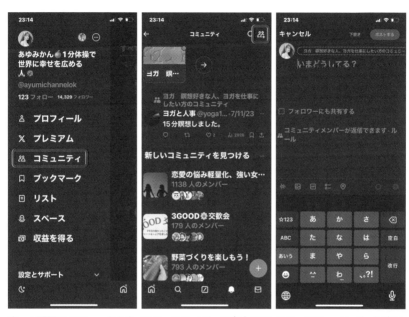

ホーム画面のメニューからも「コミュニティ」を選択可能。

コミュニティページ右上のアイコンからも作成可能。

コミュニティメンバーに向けたポストも作成できる。

コミュニティの活用方法

コミュニティを活用するメリットは、次のようなことがあります。

- ポストごとに発信したいコミュニティを選択できる
- 趣向ごとに分けた複数のアカウントを作る必要がなくなる
- フォロワーのニーズとマッチした投稿ができるため、フォロワー離れを防ぐことができる

通常のポストは、全フォロワーもしくはおすすめとして表示された

ユーザーのタイムラインに流れます。一方でコミュニティ機能を使えば、ポストを表示させたいコミュニティを選んで発信することができるのです。全フォロワー向けではないポスト内容を発信したい場合や、共通の関心を持つユーザーにポストを届けたい場合などに便利です。

　また、以前は趣向ごとに複数のアカウントを使い分けていた人もいましたが、コミュニティ機能を使えばその必要がなくなります。コミュニティを使い分けることで、複数のアカウントを切り替える必要もなく、管理の手間を省くことができます。

「フォロワーはコンテンツにつく」とお伝えしましたが、もし全体公開のアカウントで今までの発信とは関係ない内容のポストをしてしまうと、「その情報は求めてない」と感じたフォロワーが離れていってしまう恐れがあります。コミュニティ機能はそうしたフォロワー離れを防ぐことができますし、発信内容とマッチしたコミュニティでポストすれば、そのコミュニティにいるユーザーのニーズに刺さり、エンゲージメントを高めることが期待できます。

8

スペース

SECTION
03

音声のライブ配信ができる「スペース」機能。スペース
を活用することで文字投稿では伝わらない情報を届ける
ことができます。

スペースとは？

　スペースは、リアルタイムで音声配信や他のアカウントと会話を公
開できる機能です。音声のみの配信なので、移動中や運動中など他の
作業をしている人にも「耳だけ参加」をしてもらいやすいメリットが
あります。Xは文字が中心の発信になるので、「このアカウントの中の
人は、実際どんな人なのだろう？」と人柄などが伝わりづらい一面も
ありますが、話し声や口調などが伝わるスペースでは、より親近感を
感じてもらうことができます。スマホで配信できるので、準備などの
手間がかからないのも利点です。アーカイブを保存することも可能な
ので、自分のコンテンツをストックしていくこともできます。

　スペースは、「X Premium」ユーザーに限らず、アカウントがあれば
誰でも配信・参加が可能です。私は、スペースが本当に大好きで最近
はほぼ毎朝参加しています。朝の準備をしながら、ときにはお部屋の
中をウォーキングしながら、交流を楽しんでいます。人との繋がりが
どんどん増えて、人生が本当に楽しいです。

スペースの参加・作成方法

　配信したい場合、タイムラインの右下にある「＋」マークをタップ
し、「スペース」を選択します。スペースのタイトルを全角70文字以
内で入力し、必要に応じてトピックを3つまで設定します。録音の有

無を切り替えて「今すぐはじめる」をタップすると、即座に配信が始まります。スケジュールを指定したい場合は、カレンダーのアイコンから設定します。

　スペースを開始すると、フォロー・フォロワー関係のユーザーが一覧で表示されます。招待したい人にチェックマークを入れると、DMで自分のスペースへの招待を送ることができます。

ポスト作成のようにすぐにスペースを開始できます。

スペースの活用方法　恵美子さんの場合

　そもそもわたしがXでスペースを聴き始めたきっかけは、大尊敬する大ベストセラー作家で、セミナー講師の山中恵美子さんでした。毎日、早朝からスペースをしている恵美子さんのお話を朝のコーヒータイムに聴くのが楽しみになっていたからです。

　リアルタイムでは聴けなくても、アーカイブで好きな時間に楽しい

お話が聴ける。さらには学びにもなる。何より大好きな方のお話を毎日シャワーのように浴びることができる。voicyやstand FMなどの音声配信メディアも流行っていますが、Xのスペースは双方向のやりとりができるため魅力的です。実際、山中恵美子さんはファンや仲間とコメントのやりとりなどで、交流を深めながらスペースを活用されていらっしゃいます。恵美子さんのお話は、とても楽しく、人生とは？生きるとは？　愛とは？　葛藤とは？　など、さまざまな角度から物事を考えることができます。何より笑い声を聞くだけで波動が上がる感じがあります。人気のあるテーマの日は、300人〜500人もアーカイブ視聴があります（毎朝7：00から。水曜日だけはオープンチャットに移動）。

　みなさんも、テーマを決めて発信するなど、スペースも活用して見てほしいと思います。

オマーンとのご縁も恵美子さんとのつながりから

　大好きな恵美子さんのお話をもう少しさせてください。Xがもたらした奇跡のひとつです。それは、恵美子さんをオマーンへお連れしたことです。

　ドバイから2時間のところにある歴史があり、本当に穏やかで落ち着いた素晴らしい国です。わたしは一度観光に行ったことがあり、たまたま家族ぐるみの付き合いでオマーンの大使と友人関係だったのです。

　Xをきっかけに山中恵美子さんと仲良くさせていただいたこともあって、あるとき、ご夫妻をオマーン大使館へお連れしました。その時撮影した写真がオマーンの国にまで届き、ご興味を持ってくださったのです。

　なんとその後、オマーンへとわたり、現地の観光庁や教育庁、博物館などを視察することになりました。これには恵美子さんもびっくり。まさにXでの発信が縁を引き寄せたと言っても過言ではありません。

　なお、山中恵美子さんの人気はオマーンでもすごいものでした。「えみ、今度はいつくるの？」と現地の方々に何度も聞かれていたり、ご著書の『瞬読』も現地の方々は大変ご興味を持っておられました。

ちなみにその時ご一緒にお連れした友人の小倉なおよさんは、マレーシア在住歴12年で以前は、デイジーのブログで大人気の方です。Ｘ

でも発信を始めていて、スタッフの募集をしたら凄い人数が集まったと仰っていました。Xでお仕事をサクッと募集やスタッフも募集が出来るなんて。目からウロコでした。

元編集者、マレーシア在住13年。SNSも使い、世界を良くしていこうと発信している仲間です。

スペースの活用方法　あゆみかんの場合

　私は、毎週水曜日と土曜日の朝8：30〜スペースを開催しています。タイトルは「美channel」。3年前にSNS「clubhouse」で出会って以来、仲良くしている友達"林美奈さん"と一緒に行っています。

3年前のclubhouseからの友達。お互いを応援し合う大切な仲間です。

●●

ある日、美奈さんとclubhouseで久しぶりにお話ししようと思ったら、タイからマレーシアに移住したことで私の電話番号が変わり、clubhouseにログインできなくなる事態に。「それならスペースで話しましょう」と、ひょんなことから始まったのがこのスペースです。

　最近では、私の生徒さんやお友達も聴きに来てくださるようになり、嬉しい限りです。スペースでの交流からリアルの繋がりに発展したり、仲間ができたりと、海外に住む私には、こうしたコミュニケーションが心の支えにもなっています。みなさん本当にありがとうございます。相方の美奈さんもいつもありがとう。
「美channel」のスペースから派生した「美channel movie」というFacebookグループも作りました。これからどんな展開になるのか、非常にワクワクしています。ここでは、ライブ配信も積極的に行っていこうと思っていますよ。

　また自分が主催するだけでなく、楽しそうなスペースはラジオ代わりにどんどん聴きにいきます。いろいろなジャンルの話を聞いていると、脳が活性化されますし、新しい知識もえることができてとても有意義な時間を過ごせます。
　最初は緊張するかもしれませんが、ぜひ少しでも興味があれば勇気を出して飛び込んでみてください。慣れてきたらコメントを書き込んだり、発言したりして積極的に参加してみましょう。新しい繋がりができるなど良い変化があるはずです。そのひとりが文具ソムリエひろしさんです。

毎朝8：30〜のスペースは毎回違うタイトルが素敵！　スペースはタイトルがとても大切なので勉強になります。

　美奈さんやひろしさんから学んだだけでなく、実はこの書籍を書くにあたって行ったたくさんのインフルエンサーさんへのインタビューにもスペースを活用しました。生のお声や最新情報を得られたこと、そして多くの出会いを得られたことを大変嬉しく思っています。

「経営者は孤独」とよく言われますが、私の周りにはいつも華やかで美しく幸せな人、視座が高く楽しく生きている人がいっぱいいます。そうした方々と繋がるきっかけを与えてくれるスペースにいつも感謝しています。こんな素晴らしい機能は、活用しない手はないと思います！

ストリームヤードを使ったライブ動画配信

SECTION
04

X単体ではできないライブ動画の配信を、外部サービス「StreamYard」を使って行う方法を紹介します。

Xでの動画配信

　Xには、音声でのライブ配信ができる「スペース」の機能はありますが、動画でのライブ配信機能はありません。そこで活用できるのが、ライブ配信ツールの「StreamYard」です。別のツールを使うとなると難しそうに感じるかもしれませんが、配信設定は意外と簡単ですので、この機会にぜひ覚えて挑戦してみてください。

　「StreamYard」の主な配信先は、X、YouTube、Facebook、LinkedIn、Vimeo（RTMP）などのSNSです。無料でも利用できますが、使える機能に制限があることには注意してください。有料プランに加入すると、Xだけでなく、YouTubeやfacebookなど複数のSNSで同時にライブ配信することもできます。

　たくさんのプラットフォームと簡単に連携できてより多くの拡散を狙える。しかも、それぞれのアカウントで個別の配信準備をする必要がないのはとても便利です。私はよく「一石三鳥の1分体操」をポストしていますが、「StreamYard」はまさに一石三鳥のツールだと思っています。

　StreamYardでは、ライブ配信だけでなく、画面にテロップやデザインを入れたり、画面共有をしたり、BGMをつけたりと、様々な機能も充実しています。また、収録した動画をライブ配信として流すこともできます。

ライブ動画の配信方法

StreamYard はPCで使用します。まず配信先を設定するには、配信先ページに移動し「配信先を追加」をクリックします。例えばXで配信したい場合、「X（Twitter）」をクリックし、プロンプトが表示されたら「アプリを承認」をクリック、StreamYardがX（Twitter）アカウントにアクセスできるようにします。

ホームページに移動し「作成」をクリックしたら、X（Twitter）を配信先として選択します。ストリームにタイトルをつけ、「ライブストリームを作成」をクリックすれば配信ができます。

配信先にXを追加します。

アプリを認証し、Xへアクセスできるようにします。

ライブストリームを作
成をクリックして配信
します。

ライブ動画配信の活用方法

　StreamYardを使ったライブ動画配信をすることで、他のユーザとは
差別化した発信ができます。スペースで行っているようなゲストとの
対談も、画像付きの動画で配信できますし、スライドやホワイトボー
ドを使いながらリアルタイムでセミナーを配信することもできますね。

　私が今後やってみたいと思っているのは、1分体操をみんなでする
ライブです。海外の自然豊かな場所を背景に、フォロワーのみなさん
と一緒にヨガや瞑想をできたら楽しいだろうなと思っています。夢は
大きく、いずれは世界遺産で100万人とヨガや1分体操をしてみたいで
すね！StreamYardを使ったライブ動画配信の可能性は無限大。まだま
だ取り組んでいる人も少ないので、ぜひ活用してみてください。

　今後はXのスペースやライブでの繋がりを大切にし、さらに多くの
人と交流を深めていきたいです。魅力的な人、面白い人、興味深い発
信をしている人などなど、得意のファシリテーション力を活かしてい
ろいろなジャンルの方をインタビューすることで、自分の人生も、視
聴しているみなさんの人生も豊かにしていきたい。そう思っています。
私と話してみたい方、一緒にスペースやライブをしたい方は、ぜひお
気軽にお声かけくださいね。XのDMから受け付けています。

■ おわりに

　現在、XをはじめSNSを使って私はヨガの良さを広める活動はもちろん、1日も欠かさず、SNSで、"あゆみかん1分体操で幸せを広げる人"で、発信しています。運動で運を動かそう。心が苦しい時こそ1分だけ運動しよう。そう思って、活動を続けてきました。

　振り返ってみると私はこれまでたくさんのことを経験してきました。インドでヨガと出会い、多くの経験をさせていただきました。

　2011年にはタイへ移住。

　タイに住む日本人へヨガ指導をスタートし、時を同じくしてヨガ講師を育てるスクールの運営やアパレル事業も行っています。現在は、事業の傍ら、マレーシアから日々SNSでの発信を続けています。

　本書を読んでくださった方の中にも、まだ発信するのが怖い、そう思う方もいらっしゃるかもしれません。その気持ちもよくわかります。私もかつてはSNS恐怖症でした。

　幸せなことも、うまくいってないことも、公にしてはダメだと思う期間も長くありました。

　誰かを不用意に傷つけてしまうことがあると思っていたからです。ただ、私の場合は、みなさんを幸せにするために伝えたいことがありました。だからここまで頑張れたのかもしれません。

　SNSのフォロワーさんは、1万人から27万人となりました。

　ヨガといえばあゆみさんと言ってもらえるようになりました。それだけではなく、ビジネスもヨガでも成功している人と言ってもらえることも多くなりました。それは決して難しいことではありません。

　ありのままに、自分らしく発信することであなたもまた美しく輝くことができるはずです。

　最後になりましたが、本書を書くにあたりたくさんの方にご協力頂きました。本の帯にコメントを寄せてくださった瞬読シリーズ著者の山中恵美子さん。恵美子さんは「この本はただのSNS活用本じゃないね、あゆみさんのすべてが詰まってる」と言ってくださいました。ありがたいことです。また、Xの世界を教えてくれたはっとりさん（はっとり｜お金とビジネス@Hattori_bkk）、はっとり塾の皆さん、YCSのコンサルの方々、セミナーをしてくださった先生方、YCSの横山先生、そして、たくさんのフォロワー様。本当にありがとうございました。そしてここまで読んでくださった読者のみなさんへ、心から感謝を込めて筆を置きたいと思います。

著者紹介

渡邉 有優美（わたなべ あゆみ）

ギネス認定　開脚開運®の女王

18年間延べ1万人に以上にヨガ・瞑想指導。Aon Jasmineヨガウェアブランド創業者。ARN GROBAL co.,ltd. CEO。一般社団法人メディテーションブリージングヨガ協会代表理事。

【メディア掲載＆実績】
wikipedia 渡邉有優美、クラッシー/anan/リンネル/yoga &fitness、日刊ゲンダイ、朝日新聞デジタルなど、100社以上のメディア出演。チャンネル登録101万人デカキンさんとyoutubeコラボ。開脚前屈タートルポーズ世界一（ギネス認定）。

tictok22万人フォロワー、you tube ayumifitness 1.5万人、タイTV、バンコクラジオ　J channelレギュラー番組5年継続、西野亮廣さんタイ公演MC。

【著書】
『マントラの秘密』、『インスタフォロワー6000人で売り上げアップした方法』各Amazonランキング総合1位、『マインドフルネス瞑想で自分らしく生きる』、『機械音痴の為のchat GPT入門』Amazonランキング7部門1位など。投資家歴20年。

執筆協力●もんかほり
編集協力●掛端玲、山田稔

PDCAを回して結果を出す!
X集客・運用マニュアル

2024年5月23日　　初版第一刷発行
2024年7月30日　　　　第二刷発行

著　者　　渡邉 有優美
発行者　　宮下 晴樹
発　行　　つた書房株式会社
　　　　　〒101-0025　東京都千代田区神田佐久間町3-21-5　ヒガシカンダビル3F
　　　　　TEL. 03（6868）4254
発　売　　株式会社三省堂書店/創英社
　　　　　〒101-0051　東京都千代田区神田神保町1-1
　　　　　TEL. 03（3291）2295
印刷／製本　シナノ印刷株式会社